湖北省公路工程
安全监理细则编制示例

湖北省交通运输厅工程事务中心
湖北省交通建设监理协会 组织编写

科学技术文献出版社
·北京·

图书在版编目（CIP）数据

湖北省公路工程安全监理细则编制示例 / 湖北省交通运输厅工程事务中心，湖北省交通建设监理协会组织编写. —北京：科学技术文献出版社，2024.5
ISBN 978-7-5235-1246-3

Ⅰ. ①湖… Ⅱ. ①湖… ②湖… Ⅲ. ①道路施工—施工监理—细则—编制—湖北 Ⅳ. ① U415.1

中国国家版本馆 CIP 数据核字（2024）第 064821 号

湖北省公路工程安全监理细则编制示例

策划编辑：郝迎聪　　责任编辑：赵　斌　　责任校对：张永霞　　责任出版：张志平

出 版 者	科学技术文献出版社
地　　　址	北京市复兴路15号　邮编 100038
编 务 部	（010）58882938，58882087（传真）
发 行 部	（010）58882868，58882870（传真）
邮 购 部	（010）58882873
官方网址	www.stdp.com.cn
发 行 者	科学技术文献出版社发行　全国各地新华书店经销
印 刷 者	北京厚诚则铭印刷科技有限公司
版　　　次	2024 年 5 月第 1 版　2024 年 5 月第 1 次印刷
开　　　本	787×1092　1/16
字　　　数	145千
印　　　张	9.5
书　　　号	ISBN 978-7-5235-1246-3
定　　　价	42.00元

版权所有　违法必究

购买本社图书，凡字迹不清、缺页、倒页、脱页者，本社发行部负责调换

《湖北省公路工程安全监理细则编制示例》编制单位

主编单位：湖北省交通运输厅工程事务中心
　　　　　湖北省交通建设监理协会
参编单位：武汉大通工程建设有限公司
　　　　　中铁武汉大桥工程咨询监理有限公司
　　　　　湖北省公路水运工程咨询监理有限公司
　　　　　湖北省高创公路工程咨询监理有限公司
　　　　　湖北高路公路工程监理咨询有限公司

编委会

主　　　任：	方贻立
副　主　任：	李长民　卢　柯　董勇刚　张德军　刘日圣
主　　　编：	王祥寿　刘晓波　雷丽君　朱文彬　张建功
副　主　编：	邓志威　明　宏　徐　畅　朱　禧　陈何文　陈学先
	刘　军　周建成　戚政伟　周德江　田俊壮
主要参编人员：	汪俊杰　刘小虎　朱　宁　李　宁　陈　勇　陈建伟
	王　翔　高　生　瞿　钊　王澧陵　王宏宇　周　伟
	李宝健　孔德广　吕保良　王　华　蒋　跃　杨　城
	刘建国　张建哲　丁洁岚　李良超　李修坤　罗浩天
	钱　瑞　刘　敬　李志夫　刘小清　程娟娟　杨　尧
	吴学伟　穆宝磊　王鹏达　廖亚利　周　俊　叶红英
	戴　源　鲁佩娴　娄天星　刘昀歆　罗　桥
特约编审：	陈克锋　欧　鹏　黄生勇　王　乐

前 言

《湖北省公路工程安全监理细则编制示例》的编写以推行施工规范化管理、标准化施工为抓手，定位于规范湖北省高速公路参建监理单位安全生产管理工作。

通过健全完善安全生产制度，进一步明晰安全生产责任，夯实基础，强化基层管理，促进各单位真正把安全生产放在首要位置，真正落实"一岗双责"，做到全员管理、关口前移、超前预控、有效防范、构建长效机制。

《湖北省公路工程安全监理细则编制示例》以鄂黄第二过江通道（燕矶长江大桥及接线）钢栈桥工程、十堰经镇坪至巫溪高速公路郧西至鲍峡段高边坡工程、湖北香溪长江公路大桥项目高墩工程、湖北咸宁（通山）至九江（武宁）高速公路项目不良地质隧道工程和武汉绕城高速公路中洲至北湖段改扩建项目改保通工程为例进行示范，内容主要包括：工程内容和特点，监理工作流程，监理工作要点，监理工作方法和措施，巡视检查、专项检查、验收等计划，各相关单位在应用过程中可根据实际情况进行细化或强化。

请各单位在执行过程中将发现的问题函告湖北省交通建设监理协会。地址：湖北省武汉市汉阳区隆祥街1号。电话：027－84771679。

目 录

1 工程内容和特点 ··· 1

1.1 钢栈桥工程——以鄂黄第二过江通道（燕矶长江大桥及接线）
项目为例 ··· 1

1.2 高边坡工程——以十堰经镇坪至巫溪高速公路郧西至鲍峡段为例 ··· 7

1.3 高墩工程——以湖北香溪长江公路大桥项目为例 ············· 10

1.4 不良地质隧道工程——以湖北咸宁（通山）至九江（武宁）
高速公路项目为例 ·· 12

1.5 改扩建项目保通工程——以武汉绕城高速公路中洲至北湖段
改扩建项目为例 ·· 15

2 监理工作流程 ·· 19

3 监理工作要点 ·· 21

3.1 围堰工程——以钢板桩围堰为例 ·························· 21
3.2 支架工程——以盘扣式满堂钢管支架为例 ·················· 22
3.3 场站建设 ··· 23
3.4 临时用电 ··· 25
3.5 消防 ··· 26
3.6 钢栈桥、施工平台 ····································· 27
3.7 移动模架 ··· 28
3.8 挂篮施工 ··· 30

3.9　特种设备 …………………………………………… 31
　　3.10　猫道 ……………………………………………… 32
　　3.11　液压爬模施工 ……………………………………… 34
　　3.12　缆索吊机 …………………………………………… 35
　　3.13　路基石方爆破 ……………………………………… 37
　　3.14　大型支挡工程 ……………………………………… 38
　　3.15　滑坡处理 …………………………………………… 39
　　3.16　高边坡工程 ………………………………………… 40
　　3.17　深基坑 ……………………………………………… 41
　　3.18　人工挖孔桩 ………………………………………… 42
　　3.19　深水桩基础 ………………………………………… 43
　　3.20　大型承台 …………………………………………… 44
　　3.21　锚碇工程 …………………………………………… 45
　　3.22　索塔 ………………………………………………… 47
　　3.23　缆索安装 …………………………………………… 48
　　3.24　起重吊装 …………………………………………… 49
　　3.25　拱肋安装——以支架安装为例 …………………… 52
　　3.26　高墩 ………………………………………………… 53
　　3.27　不良地质隧道 ……………………………………… 54
　　3.28　连拱隧道 …………………………………………… 56
　　3.29　大跨径隧道 ………………………………………… 57
　　3.30　浅埋、偏压隧道 …………………………………… 58
　　3.31　路面工程 …………………………………………… 58
　　3.32　交通安全设施工程 ………………………………… 59
　　3.33　保畅施工 …………………………………………… 60
　　3.34　拆除工程 …………………………………………… 62

4　监理工作方法和措施 ………………………………………… 64
　　4.1　监理工作方法 ……………………………………… 64
　　4.2　监理工作措施 ……………………………………… 65

4.3　具体措施 …………………………………………………………… 66

5　巡视检查、专项检查、验收等计划 ……………………………………… 67

　　5.1　钢栈桥工程 ………………………………………………………… 67

　　5.2　高边坡工程 ………………………………………………………… 70

　　5.3　高墩工程 …………………………………………………………… 73

　　5.4　不良地质隧道工程 ………………………………………………… 76

　　5.5　改扩建项目保通工程 ……………………………………………… 79

附　录 …………………………………………………………………………… 83

　　附录一　安全监理工作用表 …………………………………………… 83

　　附录二　《中华人民共和国安全生产法》 …………………………… 106

　　附录三　《公路水运工程淘汰危及生产安全施工工艺、设备和材料
　　　　　　目录》 ………………………………………………………… 131

参考文献 ……………………………………………………………………… 141

1 工程内容和特点

本章节主要描述危险性较大的分部分项工程内容和特点,并根据工程内容和特点分析危险性较大的分部分项工程施工过程中存在的安全风险,识别潜在事故类型,用以对后续监理工作中的重点进行管控。

每个危险性较大的分部分项工程内容和特点均有所不同,《湖北省公路工程安全监理细则编制示例》(以下简称"本《示例》")选取了湖北省内5个具有代表性的项目,以不同的分部分项工程进行编制示例,用以指导编制本章节内容。

在实际应用过程中,结合项目实际编写《安全专项风险评估和专项施工方案》,格式参照示例编写格式执行。

1.1 钢栈桥工程——以鄂黄第二过江通道(燕矶长江大桥及接线)项目为例

1.1.1 工程内容

黄冈岸主塔施工栈桥如图1-1所示,长307.5 m,桥面设计总宽度9 m,行车道净宽度8 m,双向车道,两侧栏杆外均布置0.5 m宽管道。为保证防洪安全,桥面标高与大堤顶标高一致。

栈桥上部结构设计:桩顶分配梁顶面铺设10榀"321"标准型贝雷片,组间设置支撑架;贝雷梁桁梁下弦杆采用"门"字形,栈桥处于堤外滩地,施工环境条件不受外界干扰。平面布置如图1-2所示。

[10的槽钢与分配梁焊接形成限位,上弦杆通过"U"型卡与桥面板通过栓接形成限位。钢桥面板尺寸为9000 mm×2000 mm×200 mm(纵横型钢背肋+花纹钢板组合成单块)。栈桥两侧布置栏杆,栏杆立柱高1.2 m。主栈桥立面如图1-3所示。

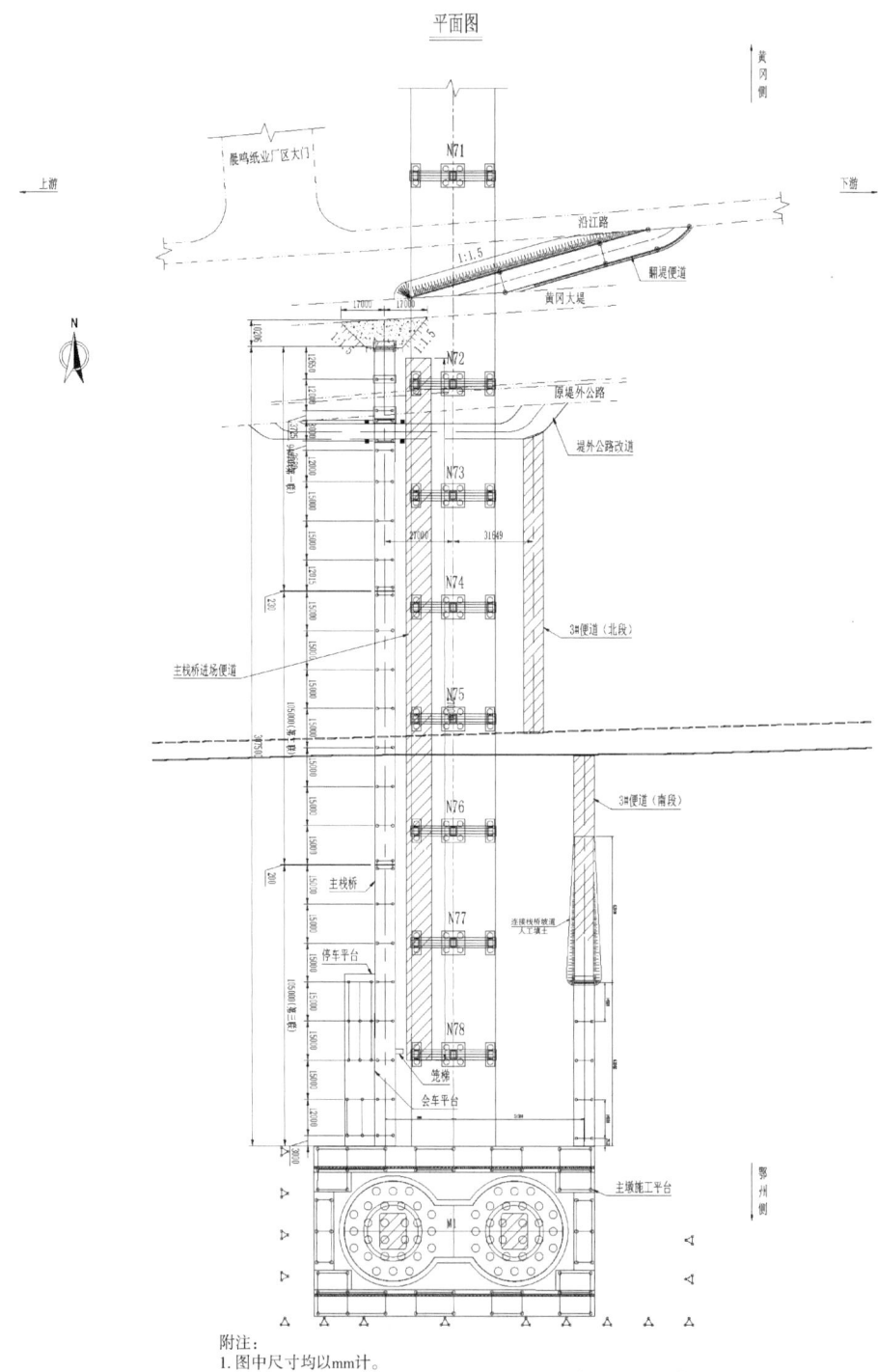

附注：
1. 图中尺寸均以mm计。
2. 图中引桥墩便道、场内施工便道及连接栈桥坡道仅为示意，具体结构及尺寸另见详图。
3. 图中所示限速限宽挡块采用1.5 m（长）×1 m（宽）×1.5 m（高）C30混凝土块。
4. 主栈桥及便道连接栈桥与主墩平台连接处跨度及尺寸根据平台尺寸调整。
5. 堤外公路改道为设计院出图，工程量为预估。

图 1－1 黄冈岸主塔施工栈桥平面图

1 工程内容和特点

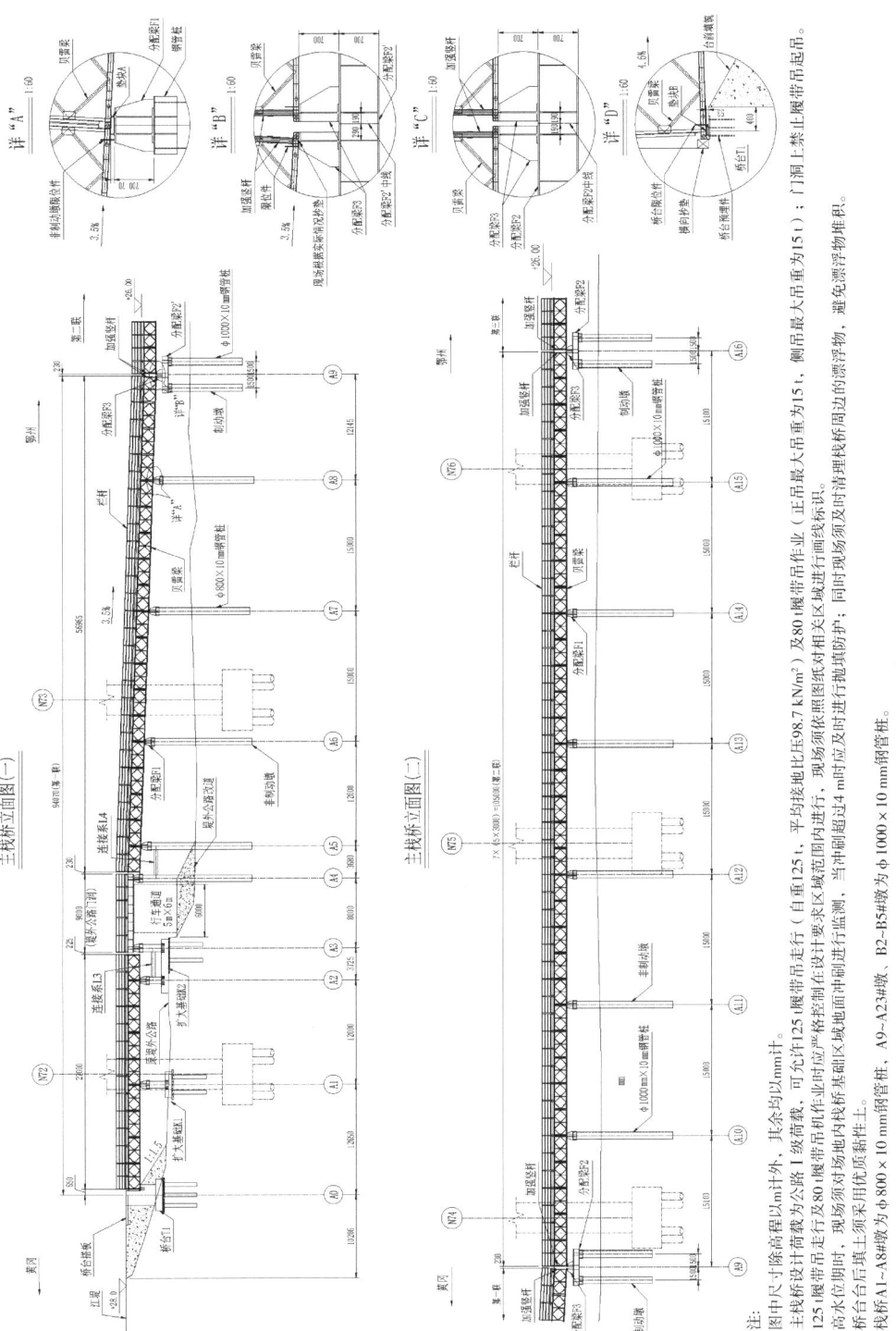

湖北省公路工程安全监理细则编制示例

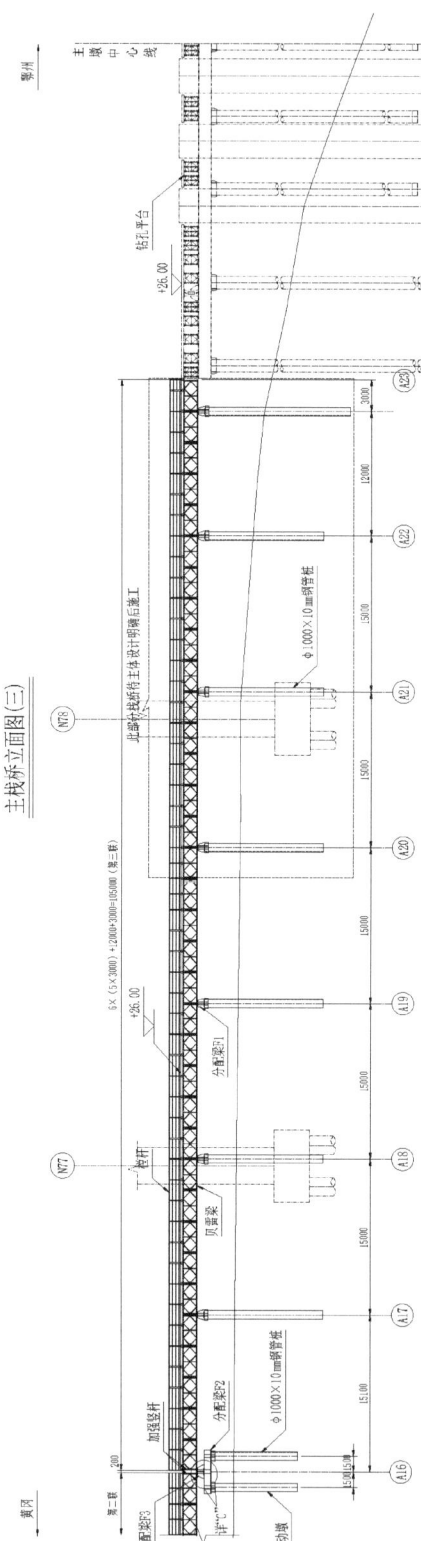

主栈桥立面图(三)

附注：
1. 图中尺寸除高程以m计外，其余均以mm计。
2. 主栈桥设计荷载为公路Ⅰ级荷载，可允许125t履带吊走行（自重125t，平均接地比压93.7kN/m²）及80t履带吊作业（正吊最大吊重为15t，侧吊最大吊重为15t）；门洞上禁止履带吊起吊。
3. 125t履带吊走行及80t履带吊机作业时应严格控制在设计图纸对相关区域进行画线做标记。
4. 高水位期时，现场对场地内栈桥基础区域地面冲刷进行监测，当冲刷超过4m时应及时进行地填防护；同时现场须及时清理栈桥周边的漂浮物，避免漂浮物堆积。
5. 桥台后填土宜采用优质黏性土。
6. 栈桥A1~A8#墩为φ800×10 mm钢管桩，A9~A23#墩、B2~B5#墩为φ1000×10 mm钢管桩。

— 4 —

1 工程内容和特点

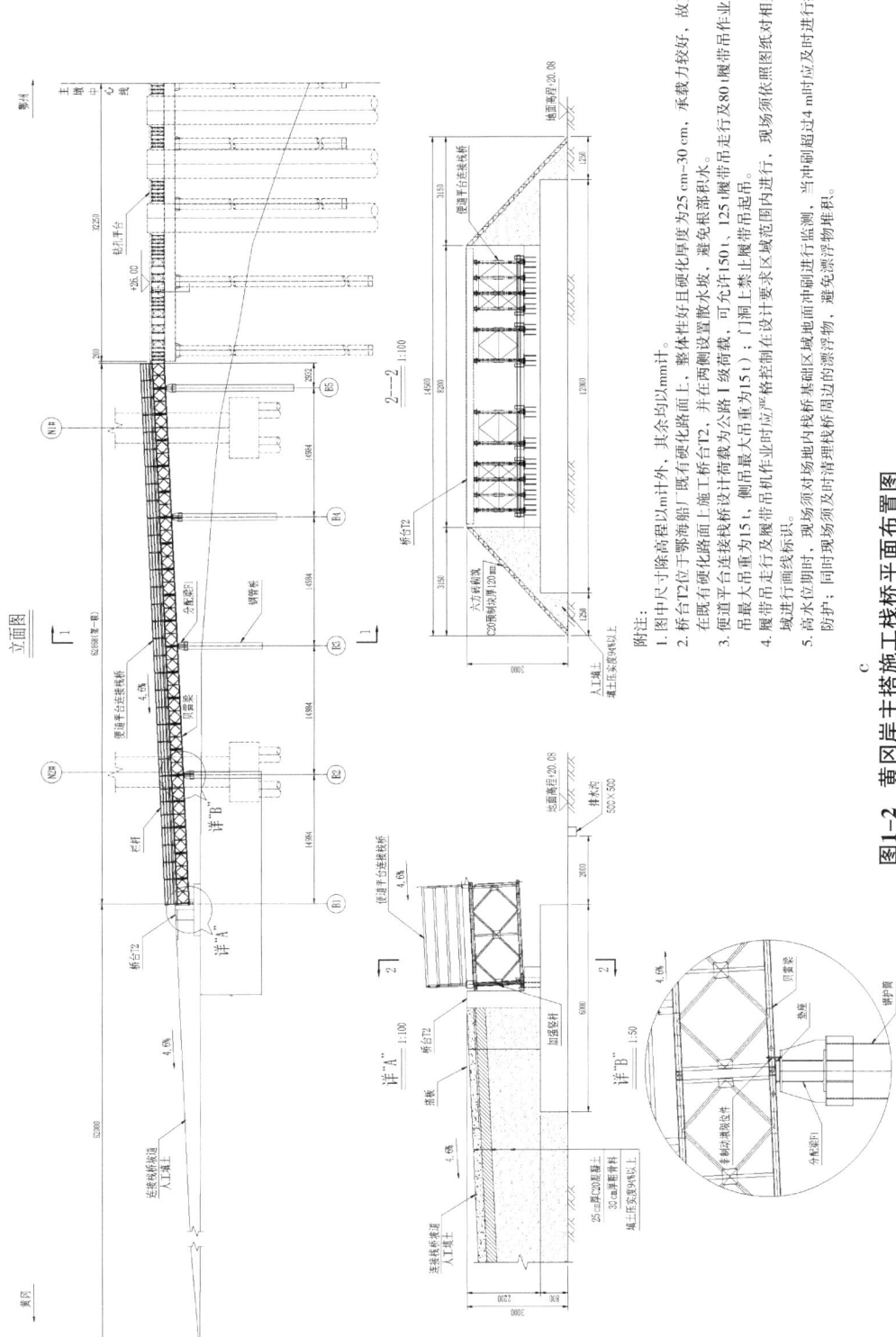

图1-2 黄冈岸主搭施工栈桥平面布置图

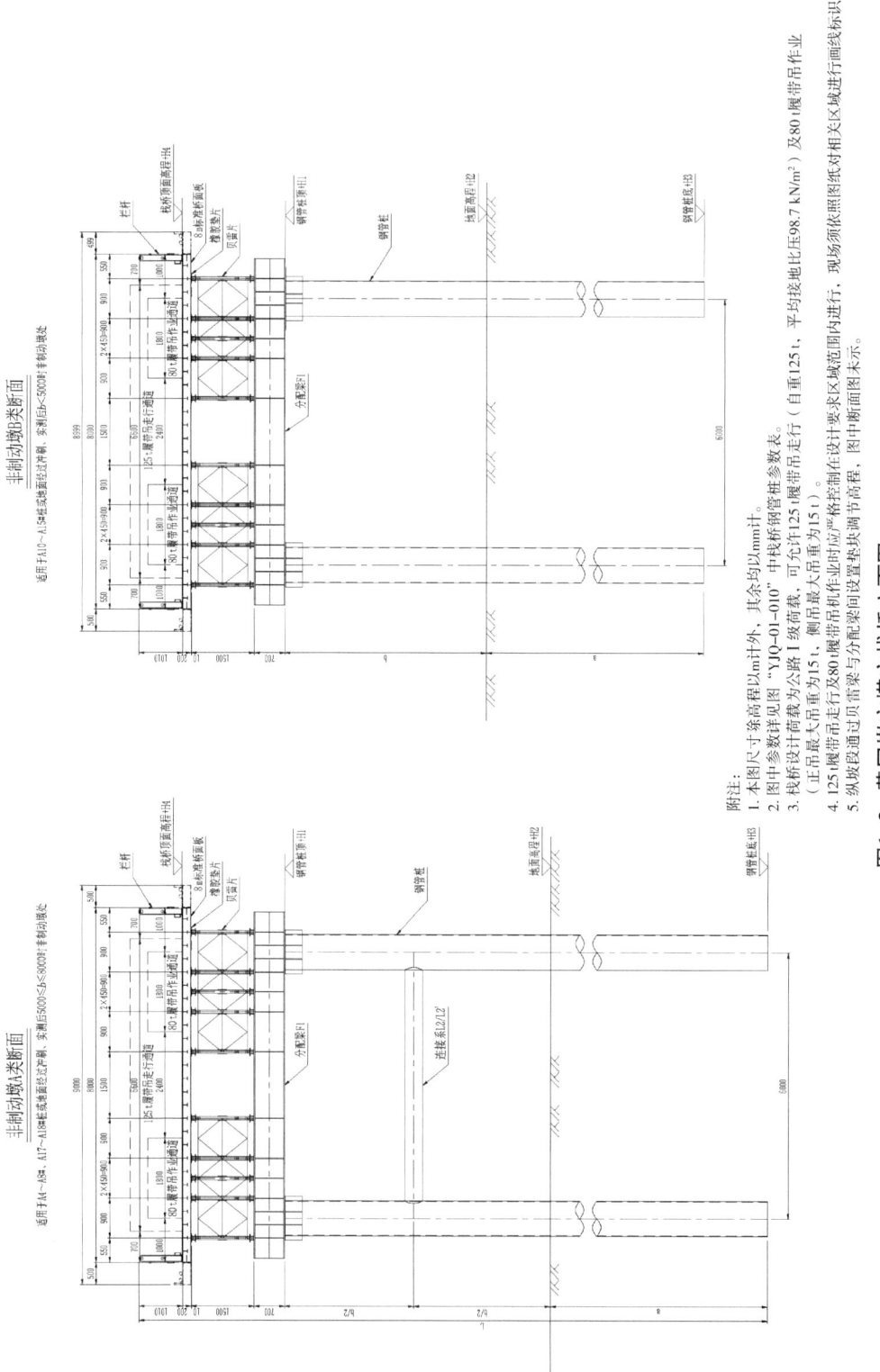

图1-3 黄冈岸主塔主栈桥立面图

栈桥附属结构设计：为便于对栈桥进行检查维护，利用桥面以下贝雷梁间距间隙设置检修通道，面板采用 4 mm 厚花纹钢板，分配梁采用工 10 型钢。为方便使用期间对栈桥进行检查维护，从桥面设置"之"字形检修爬梯至桩顶分配梁，主墩栈桥共设置两处检修爬梯。

栈桥防腐要求：栈桥使用时间较长，历史最低水位 +10.0 m 以上所有构件需采用两底一面油漆进行防腐处理。护栏竖杆、扶手横杆、踢脚板面层刷红白相间的反光漆；贝雷梁、桥面板、钢管桩及分配梁等面层刷橘红色油漆。

1.1.2 工程特点

工程建设地点属华中地区亚热带季风气候区，主要具有大陆气候特点：热量丰富，光照适宜，雨水充沛。

地质及水文情况：黄冈大堤至主墩墩位覆盖层为粉质黏土、粉土、粉细砂层及圆砾土，厚度为 30 m ~ 35 m，岩层主要为泥质粉砂岩及钙质砂岩，岩面标高由黄冈大堤向主墩处逐渐过渡降低 −20 m ~ −15 m。长江中下游洪水具有峰高量大、持续时间长的特点，汛期为 5—10 月，其中 7 月出现年最大洪峰的次数最多，约占 62.5%。河段具有流量大、水位高、高洪水位持续时间长等特点。

1.1.3 安全风险

钢栈桥施工根据作业活动单位划分，涉及起重作业、临时用电、焊接与热切割作业、交通运输、水上作业等风险因素。

根据活动内容以及可能存在的事故隐患分析，工程施工可能造成的潜在事故包括溺水、容器爆炸、火灾、触电、坍塌、起重伤害、车辆伤害、机械伤害、物体打击及其他伤害。

1.2 高边坡工程——以十堰经镇坪至巫溪高速公路郧西至鲍峡段为例

1.2.1 工程概况

YK2 +660 ~ YK2 +840 段右侧路堑高边坡，全长 180 m，最大边坡高度 49.2 m，

最大挖方高度 47.8 m，分 7 级放坡，采用台阶式边坡，每级坡高 8 m。第一级边坡坡率 1∶0.75，采用路堑墙 + 锚杆框架防护，第二、第三、第四级边坡坡率 1∶0.75，采用锚杆框架防护，第五、第六、第七级边坡坡率 1∶1.0，采用挂网客土喷播防护。

1.2.2 自然地理、地质特征

（1）地形地貌

项目区位于秦巴山区腹地，地势整体南北低而中部隆起，区内山高坡陡、沟壑纵横、河谷切割较深，该高边坡处于构造剥蚀低山 – 丘陵地貌区，如图 1 – 4 所示。

（2）地层岩性

该处高边坡地表覆盖层为第四系残坡积土层，下伏中元古代武当群变火山岩组白云钠长石英片岩，局部地段基岩出露。

（3）水文、地质条件

地表水主要分布于山体凹坡、冲沟、沿线溪流，旱季时水量较小或无水。地下水主要为覆盖层上层滞水及基岩裂隙水。岩体节理裂隙较发育，易掉块脱落。

1.2.3 工程特点

YK2 + 660 ~ YK2 + 840 段右侧路堑高边坡为岩质边坡，最大边坡高度 47.8 m；设计边坡率 1∶0.75 ~ 1∶1；为切向坡，且边坡无其他外倾结构面或结构面组合，边坡整体稳定。岩体节理裂隙较发育，易掉块脱落。该区域雨季水量较大，地表水入渗易抬高坡体地下水水位，降低岩层抗滑力，应避开雨季施工。因此，边坡高度、施工季节及防护方式是影响本边坡施工安全的主控因素。

1.2.4 安全风险

根据《安全专项风险评估和专项施工方案》风险分析结果，可能存在以下风险源：

开挖过程中可能发生的边坡失稳、高处坠落、机械伤害以及楔形体破坏和掉块引发的物体打击伤害；爆破引发的机械、人员伤害；雨季排水不当可能诱

1 工程内容和特点

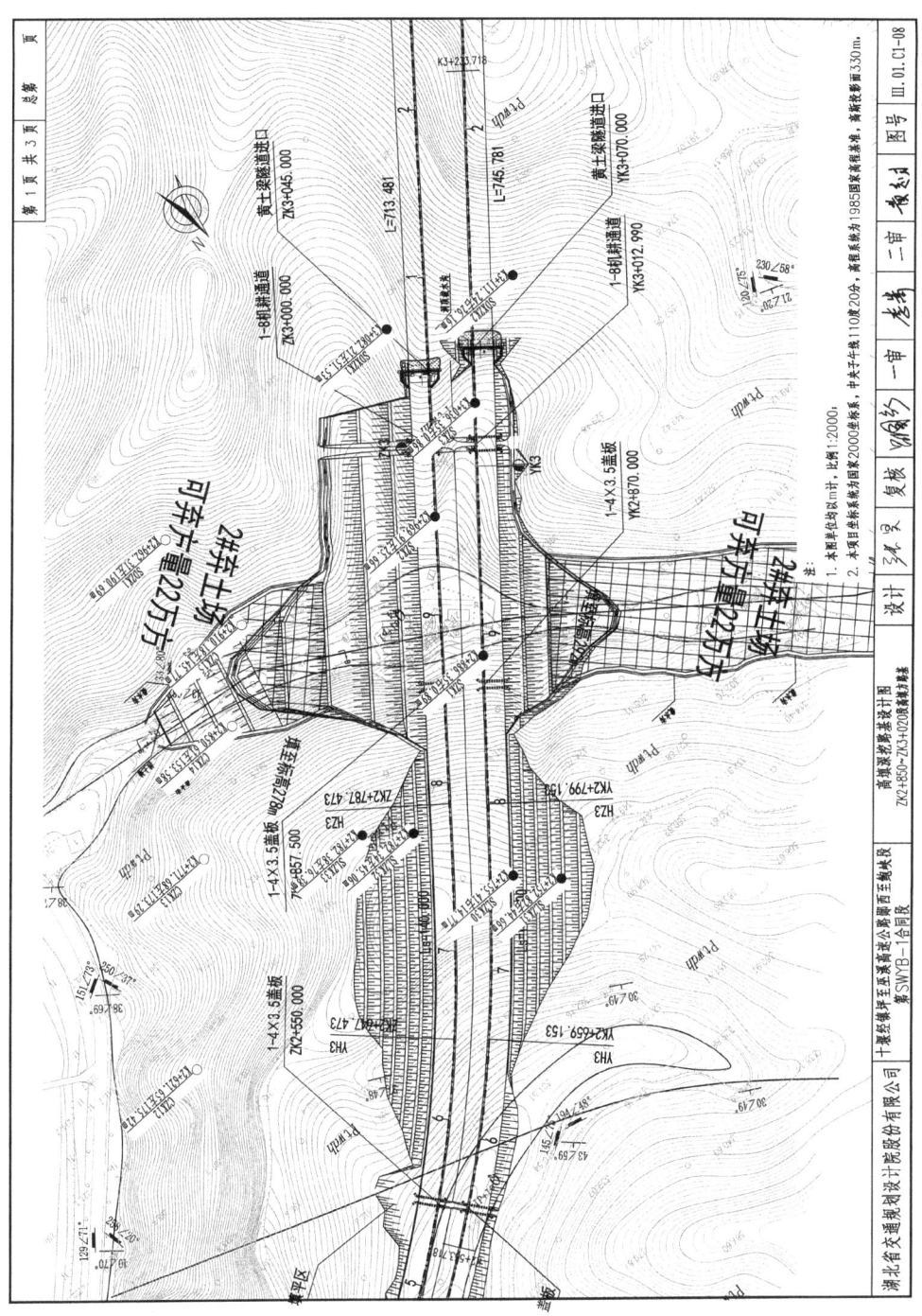

图 1-4 高边坡平面图

发地裂缝、边坡开裂、崩塌、地面塌陷、地面沉陷和滑坡等地质灾害。

边坡施工过程中可能引发的潜在事故类型：机械伤害、坍塌、触电、高处坠落、物体打击、起重伤害、火药爆炸及其他伤害等。

1.3 高墩工程——以湖北香溪长江公路大桥项目为例

1.3.1 工程内容

香溪长江公路大桥起点为秭归县郭家坝镇，位于米仓口隧道出口约290 m处，与宜巴公路（S334）平交；路线在兵书宝剑峡口向北跨越长江后沿香溪河东岸上行约2.0 km，在刘家坝村向西跨越香溪河，终点为秭归县归州镇香溪西岸向家店，与峡堡公路（S255）相接，路线全长5.419 km。其中秭归长江大桥跨长江，采用主跨531 m的中承式钢箱桁架拱桥，桥跨布置为2×35+531+3×(3×30) m，全长883.2 m，如图1-5所示。

1.3.2 工程特点

秭归长江大桥南、北岸空心墩身共计8个，均采用矩形空心截面。墩身最高70.1 m，最低21.7 m，采用C40混凝土。由于桥址区域岩溶与岩体裂隙病害多，边坡稳定性较差，墩身施工前先要对高边坡进行处理，以保证桥梁的施工安全；高墩施工时，需在狭小空间进行桥梁多个部位的施工，存在交叉作业的影响，施工工效低。

根据墩身的结构形式及高度，高墩身采用爬模施工。内外模均采用定制组合木模，每节4.5 m（不含调节段），浇筑节段最大高度4.5 m。施工过程中利用塔吊提升模板。模板设置对拉拉杆，由模板厂家统一配置。塔吊配合安装模板、角钢定位骨架、钢筋。主筋纵向接头采用直螺纹套筒连接，其他钢筋加工时采用搭接焊或绑扎连接。混凝土由岸上混凝土工厂集中供应，采用汽车泵或者地泵泵送。为保证人员作业安全，安装定制梯笼作为施工通道。

1.3.3 安全风险

高墩身采用爬模施工，施工周期长，模板安全问题较为突出；墩身高度大，

1 工程内容和特点

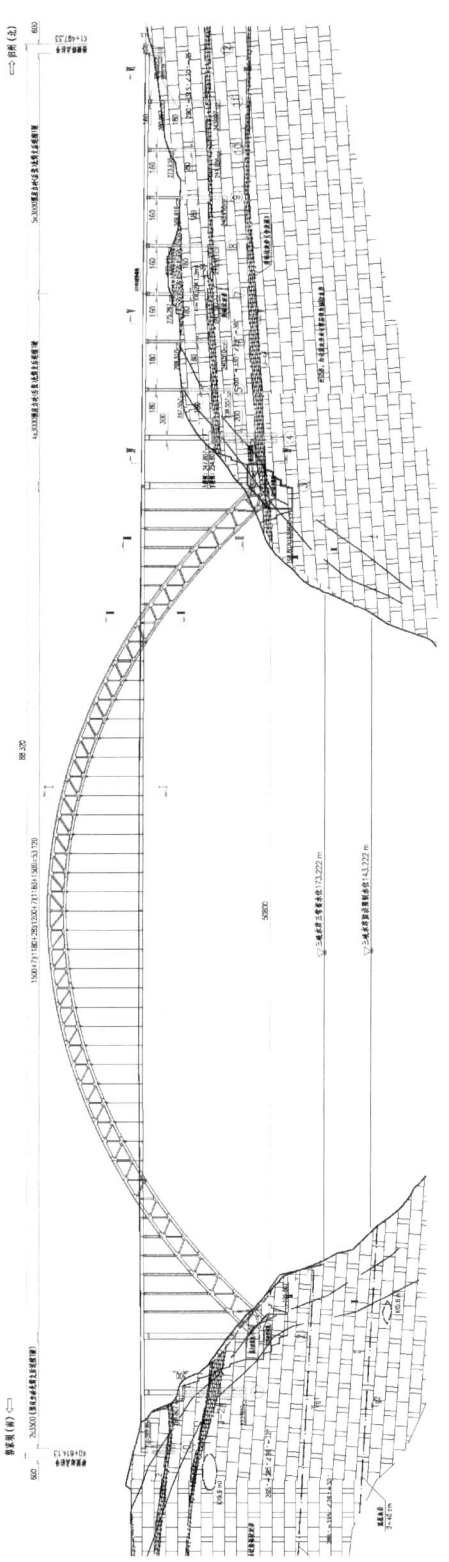

图1-5 秭归长江大桥桥型布置图

垂直度和稳定性对结构受力影响大；施工过程中，临时设施多，周转次数多，易造成模板和构件损伤，模板构件失效率高；在狭小空间进行桥梁多个部位施工，立体交叉作业管控难度大；作业人员长期进行高处作业，救援难度大、高处坠落风险高。

工程施工可能造成的潜在事故类型：坍塌、火灾、触电、高处坠落、起重伤害、机械伤害、物体打击及其他伤害等。

1.4 不良地质隧道工程——以湖北咸宁（通山）至九江（武宁）高速公路项目为例

1.4.1 工程内容

九宫山1号隧道为一座高速公路双向四车道分离式长隧道，位于咸宁市通山县闯王镇上陈村和九宫山镇周家湾村境内。隧道左幅起讫里程桩号 ZK39+860～ZK42+630，长度 2770 m；右幅起讫里程桩号 YK39+880～YK42+628，长度 2739 m。地面标高介于 230 m～700 m。隧道净空 10.75 m×5.0 m；隧道进口为削竹式，出口为端墙式。隧道设置10处人行横洞、3处车行横洞。

隧道坡度/坡长：左幅3.0%/650 m 和 1.95%/3318.911 m，右幅3.0%/630 m 和 1.95%/3438.819 m，如图1-6所示。

1.4.2 工程特点

（1）工程地质及水文情况

隧址区地表水体主要为山间小型冲沟水，其主要接受大气降水补给，水量受季节影响明显，降水多集中在夏季，冬季雨量最少，隧道进口附近冲沟内有涓涓细流经过，勘察期间流量小。

地下水类型主要为碎屑岩类裂隙水，赋存于碎屑岩类的风化、构造裂隙中，均匀性较差。补给主要来自大气降水，以裂隙下降泉形式出露或受地形切割排出地表，多为季节性浅表水，短距离渗流就地分散排泄于地表，水量总体弱富水至贫乏。

但局部断裂构造带及其影响范围内为构造裂隙水（断层带脉状水）的主要

1 工程内容和特点

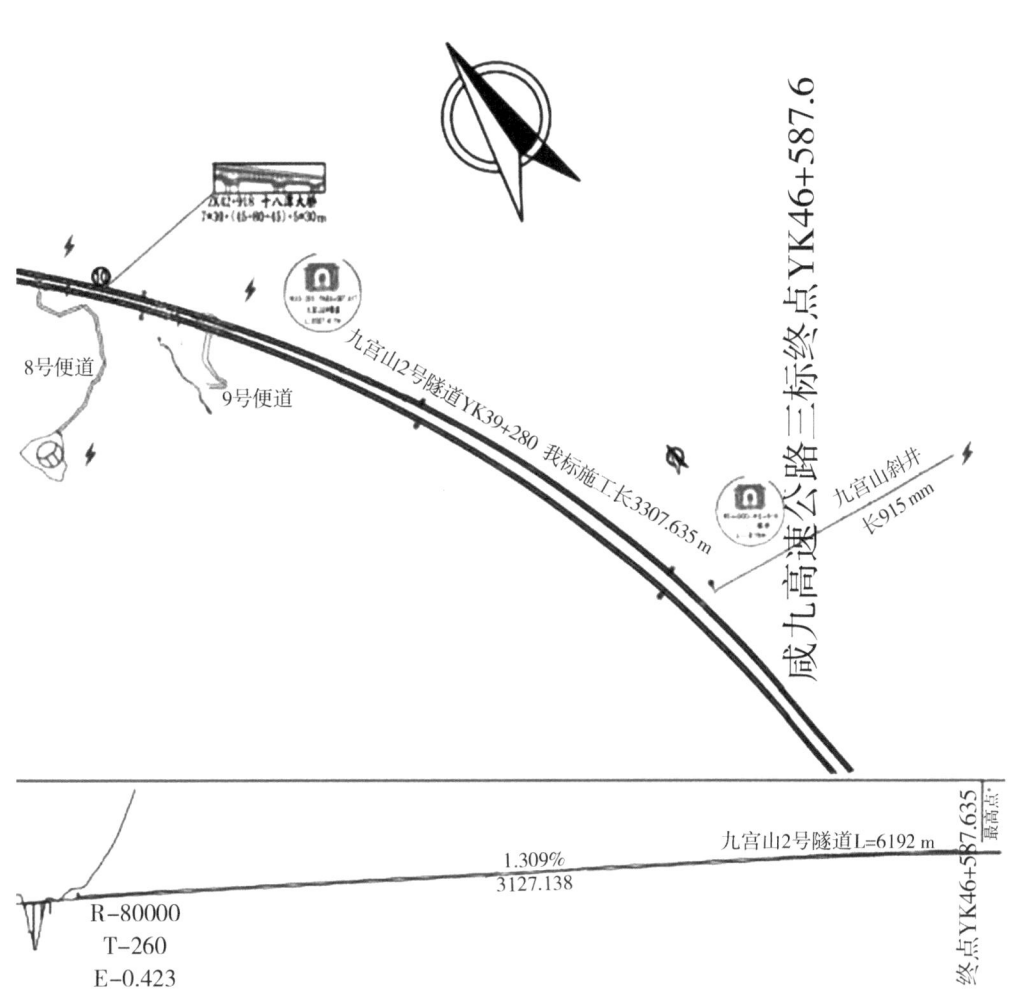

图 1-6 九宫山 1 号隧道平面图

富集场所,在补给条件较充足的情况下,断裂带中等富水,对工程建设有一定影响。

隧道沿线围岩主要为深灰、灰黑强、中风化炭质页岩、页岩,中风化破碎炭质页岩、页岩,灰绿、灰褐、浅灰色强、中风化片岩,灰绿、灰褐、浅灰中风化石英片岩等。

(2) 围岩分布情况

本隧道设计方案左幅共划分 17 个围岩段、右幅共划分 17 个围岩段,围岩级别为Ⅲ、Ⅳ、Ⅴ。其中左幅Ⅲ级围岩 150 m,占 5.4%,Ⅳ级围岩 1624 m,占 58.6%,Ⅴ级围岩 996 m,占 36.0%;右幅Ⅲ级围岩 220 m,占 8.0%,Ⅳ级围岩 1594 m,占 58.2%,Ⅴ级围岩 925 m,占 33.8%。具体分布可查阅隧道设计图纸(第Ⅲ.3.E2 册,P12 页)。

(3) 不良地质及特殊岩土

1) 隧址区存在数条与线路相交的断裂构造,其中:

①两条断层,F10 断层交于 ZK40+130、YK40+185,见宽 10 m~50 m 不等的断裂破碎带;F12 断层交于 ZK40+757、YK40+737,见宽 10 m~50 m 不等的滑脱破碎带。

②两条剪切破碎带,第一条相交于 ZK41+345、YK41+318;第二条相交于 ZK42+535、YK42+495,见宽 10 m~50 m 不等的破碎带。

2) 隧址区不良地质主要表现为 BW6 不稳定斜坡和 BJ2 崩塌堆积体。

①BW6 位于隧道左洞进口端左 55 m 处,为一处潜在的土质不稳定斜坡,距离线路最近处 40 m;此不稳定斜坡规模小且距离较远,目前处于基本稳定状态,危险危害小。

②BJ2 位于隧道出口右侧坡体上,为一处岩质崩塌堆积体,自然状态下处于基本稳定状态,坡体面积 80 000 m²,表层可见大量孤石分布,块径可达 5 m 以上,体量较大;本隧道出洞口已尽量避开该堆积体的主要部位,并设置相应抗滑桩,对隧道洞口的影响较小。

3) 隧址区 ZK40+110、YK40+120 存在一条潜埋 V 型沟谷,隧道上部覆盖层最薄处 14 m 左右。纵断面设计图可见局部黏土夹碎石及强至中风化破碎炭质页岩、页岩。

本隧道施工安全总体风险赋分值为 16 分,风险等级为Ⅲ级,属高度风险,因此开展了施工安全专项风险评估。根据评估报告,本隧道低级别围岩占比大;隧道受构造、断层影响,围岩破碎易坍塌或涌水突泥。其中,隧道围岩情况、隧道全长和洞口特征是影响本隧道施工安全的主要风险因素,如洞口边仰坡失稳或垮塌、洞身段围岩差引发坍塌、受构造影响段易涌水突泥、隧道放炮及火药爆炸等。

工程施工可能造成的潜在事故类型:火灾、坍塌、冒顶片帮、透水、放炮、高处坠落、机械伤害、物体打击、车辆伤害、触电等。

1.5 改扩建项目保通工程——以武汉绕城高速公路中洲至北湖段改扩建项目为例

1.5.1 工程内容

武汉绕城高速公路中洲至北湖段是武汉市四环线的重要组成部分,是湖北省规划"九纵五横三环"高速公路网中的重要一环。采用双向八车道高速公路标准,设计车速120 km/h,路基宽度42 m。路线总体呈南北走向,起于江夏区藏龙岛附近,与沪渝高速公路藏龙岛西段顺接,同时通过藏龙岛枢纽互通与南四环相连,向东下穿武广高铁。标段划分:沪渝段(WHRCTJ-1标段)桩号K120+840~K138+000;福银段(WHRCTJ-2标段)桩号K138+000~K151+255.925。改扩建里程30.334 km。项目区域内与铁路、公路多处交叉,交通组织复杂,如图1-7所示。

1.5.2 工程特点

本项目主要特点:沿线构筑物多、新老路衔接工序繁多、专业性强;跨线天桥需拆除新建,安全风险高;局部交通量大,施工期间不中断交通,交通组织复杂。

路段交通现状如表1-1、表1-2所示。

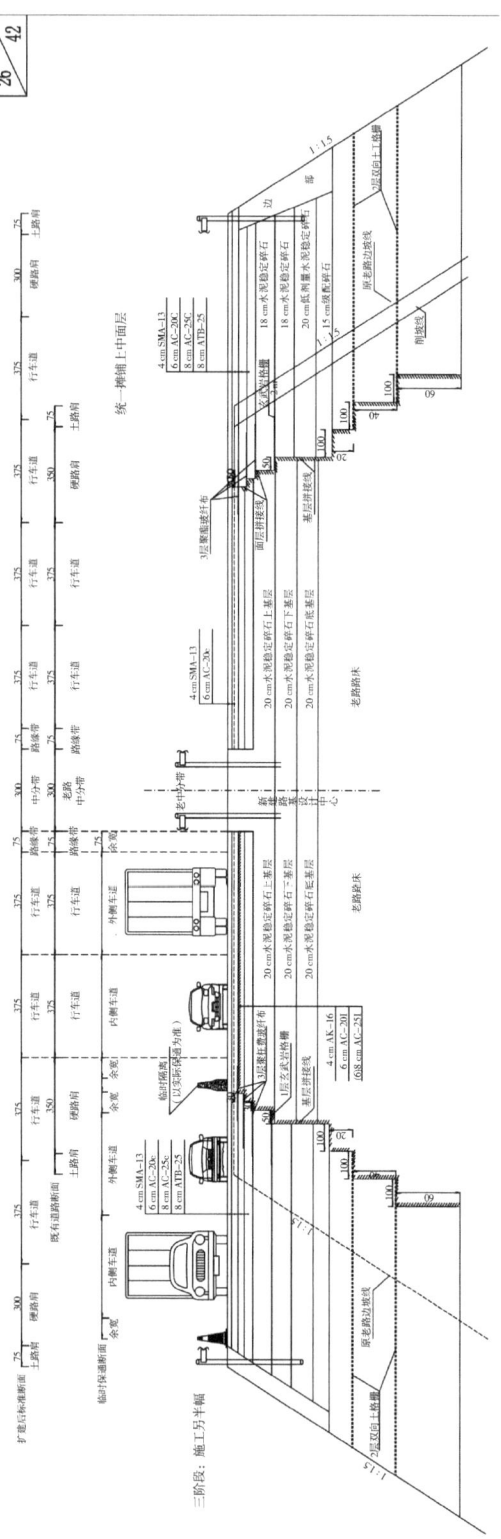

图1-7 绕城高速公路中洲至北湖段改扩建平面图

表 1-1　绕城高速公路中洲至北湖段交通量统计

单位：辆

路段	2016 年	2017 年	2018 年	2019 年	2020 年
豹澥互通—凤凰山互通	12 490	18 530	26 475	33 585	40 715
凤凰山互通—藏龙岛互通	13 520	20 520	27 495	34 115	39 285
北湖互通—邹黄互通	16 824	24 581	30 673	39 212	43 702
邹黄互通—花山互通	12 900	21 374	29 561	36 757	41 561
花山互通—豹澥互通	10 547	19 987	29 001	37 204	46 729

表 1-2　绕城高速公路中洲至北湖段车型结构

路段	小客车	中客车	小货车	中货车	大货车	其他
凤凰山—豹澥互通	23.79%	4.90%	0.37%	4.39%	61.46%	5.99%
中州—凤凰山互通	25.73%	4.48%	0.46%	4.62%	59.06%	5.85%
花山—邹黄互通	36.73%	4.30%	0.25%	1.96%	52.86%	4.80%
豹懈枢纽—花山互通	32.62%	3.53%	0.24%	1.99%	56.13%	5.59%

2016—2020 年武汉绕城高速公路中洲至北湖段交通量整体呈现上升的趋势，2017 年的增长率最高，以后几年交通量增长率逐年降低，但总体保持上升的趋势。

车型结构存在以下特点：从绝对数来看，呈现客货车基本比例相当的特点。客车以小客车为主，货车以大货车为主，整体路段以大中型车辆为主。该路段的大货车车型比例高，大货车混行对施工干扰较大，车辆运行速度自由度受限、协调性差，极易引起交通事故。基于此，施工期间对部分车流进行诱导分离，同时限制 5 轴以上大货车和危化品运输车进入该路段行驶。

1.5.3 安全风险

路基、桥梁拼宽及保通范围内结构物施工，保通、保畅交通组织风险较大；枢纽互通改扩建保通方案复杂，风险大；多次与铁路交叉，协调难度大；沿线电力、通信及油气、排污等管线分布密集，改建工程范围内管线需保护或改移，增加了施工风险；施工期间需保障双向四车道通行，存在多次交通导改，增加了交通堵塞和交通事故风险；原有结构物拆除数量多，结构类型多样，安全风险极高。

工程施工可能造成的潜在事故类型：车辆伤害、火灾、触电、高处坠落、起重伤害、机械伤害、坍塌、物体打击及其他伤害等。

2 监理工作流程

监理工作流程分为施工准备、施工过程、施工结束3个阶段（图2-1）。

施工准备：监理工作主要包括监理人员培训交底，审查、审批专项施工方案，并按附录一所列内容审核危险性较大的分部分项工程施工前安全生产条件（附表1-1）。

施工过程：监理工程师按监理工作计划对施工现场安全情况进行巡视检查，填写巡视记录（附表1-2），发现现场存在安全隐患时，应及时向施工单位下达工程事故隐患整改监理通知单（附表1-5）；情况严重的，要求施工单位停止施工，及时下达工程（暂时）停工令（附表1-9），并向建设单位报告。施工单位整改完成后，现场复查整改结果，符合要求的签署复查意见，下达暂时停工令的及时签发工程复工令（附表1-11）。施工单位拒不整改或不停止施工的，应及时向有关监管部门报告。

施工结束：督促施工单位清理现场，及时收集整理有关资料，完善监理工作台账。监理工作资料包括：监理人员培训交底、安全生产条件核查、验收资料、安全巡视记录、检查通报、安全整改通知单、安全监理指令、停工指令、整改回复单、复工指令、隐患排查登记台账、违约处罚单等。

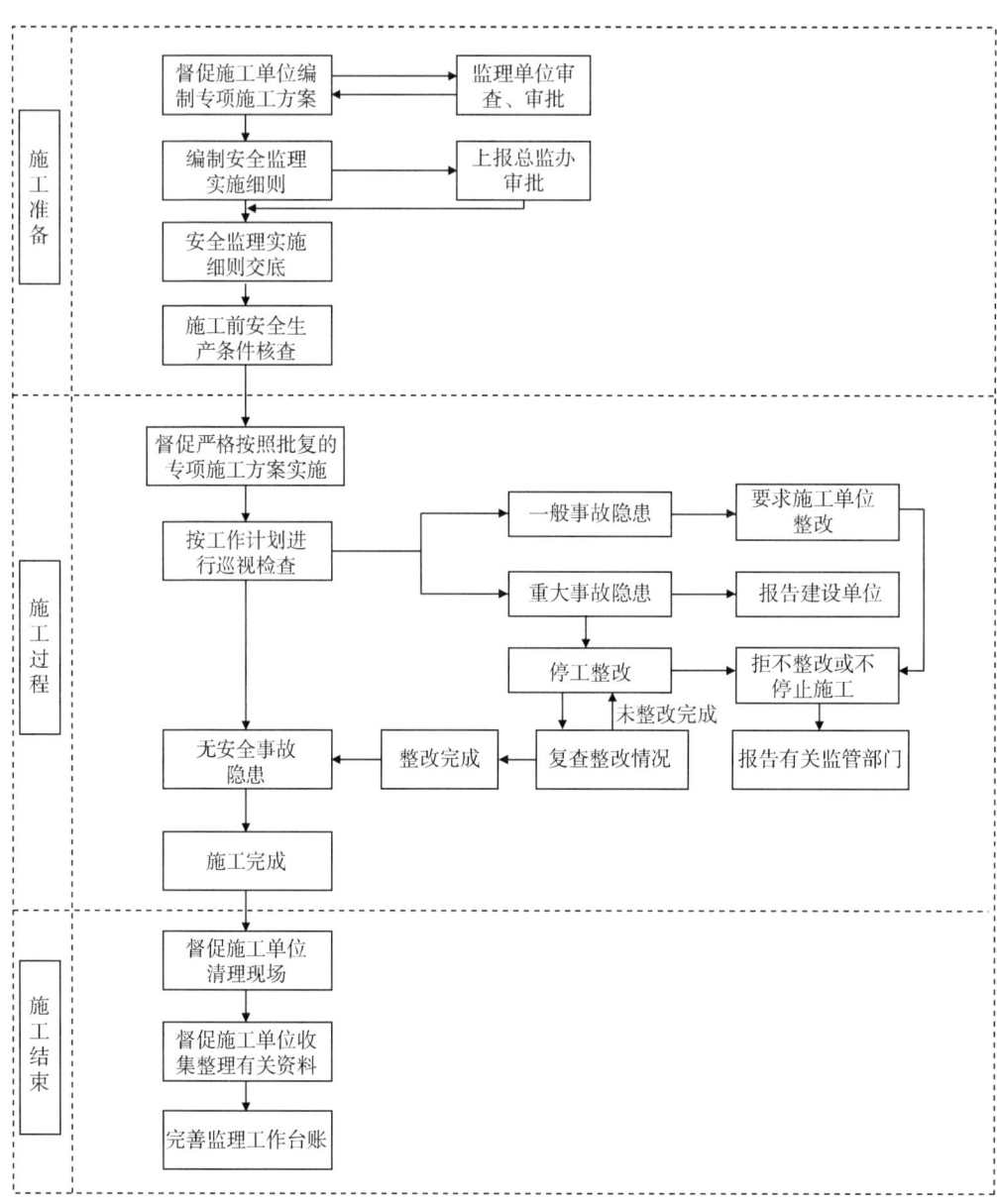

图 2-1 监理工作流程

3 监理工作要点

3.1 围堰工程——以钢板桩围堰为例

3.1.1 施工准备监理要点

（1）审查、审批钢板桩围堰专项施工方案，重点审查资源配置、风险分析、安全保障措施、应急处置措施、结构计算及验算、监控监测、验收内容及标准等相关内容；

（2）开展安全生产条件核查，并填写《危险性较大的分部分项工程施工前安全生产条件核查表》，报建设单位确认；

（3）督促施工单位做好进场钢板桩构配件、临边防护材料等符合性检验（包括外观、结构尺寸等）。

3.1.2 施工过程监理要点

（1）检查施工单位技术、安全管理人员到岗履职情况及特种作业人员持证上岗情况；

（2）检查、督促施工单位严格按照批复的专项施工方案组织施工，重点检查钢板桩平直、锁口完好情况，钢围檩、钢支撑焊缝质量等；

（3）督促施工单位对施工现场临时用电、消防器材、照明设施、安全通道及平台、安全防护措施、安全警示标志标牌、风险源告知牌等进行检查；

（4）组织或参与围堰工程验收；

（5）督促施工单位做好钢板桩围堰使用过程中的监测监控工作；

（6）做好钢板桩围堰和支撑拆除过程中的监理工作，督促施工单位严格按照批准的专项施工方案中的拆除工艺实施。

3.1.3 其他工作

（1）在围堰基坑开挖和围檩支撑安装、拆除时，督促施工单位设置专人值班，检查围堰位移、沉降、坑底隆起、渗水及周围环境等；

（2）检查围堰顶部机械设备及临时荷载分布情况；

（3）督促施工单位加强领导带班值班值守，完善坍塌、防汛等现场应急处置方案，储备应急物资，及时开展应急演练；

（4）监督安全专项费用投入及使用情况；

（5）涉及特种设备、起重吊装、临时用电等施工过程中的安全管理工作参照相应章节执行。

3.2 支架工程——以盘扣式满堂钢管支架为例

3.2.1 施工准备监理要点

（1）审查、审批支架专项施工方案，重点审查资源配置、风险分析、安全保障措施、应急处置措施、支架地基处理、预压、结构计算及验算、监控监测、验收内容及标准等相关内容；

（2）开展安全生产条件核查，并填写《危险性较大的分部分项工程施工前安全生产条件核查表》，报建设单位确认；

（3）督促施工单位做好进场支架构配件、临边防护材料等符合性检验（包括外观、结构尺寸等）。

3.2.2 施工过程监理要点

（1）检查施工单位技术、安全管理人员到岗履职情况及特种作业人员持证上岗情况；

（2）检查、督促施工单位严格按照批复的专项施工方案组织施工，重点检查支架立杆的底座、顶托、纵横向间距、步距及斜撑等；

（3）抽查支架地基承载力，督促施工单位及时对支架基础进行验收；

（4）支架搭设完成后，组织或参与支架支撑体系检查验收；

（5）督促施工单位在支架搭设完成后按照方案要求进行预压，重点关注加卸载程序、荷载偏载及沉降观测等情况；

（6）督促施工单位在支架四周设置警戒区、安装警示标志标牌、人员上下通道、临边防护及防雷接地等安全设施；

（7）督促施工单位在模板工程、钢筋工程、砼施工的相关作业过程中，做好吊装作业、临时用电、消防等安全措施；

（8）督促施工单位做好支架使用过程中的日常检查、监测监控，落实极端天气情况下的应急管理措施；

（9）督促施工单位按批准的专项施工方案进行支架拆除，明确分工，统一指挥，按要求设置警戒区和安全警示标志标牌，做好作业人员个人防护，严格遵守拆除顺序，不准上下层同时作业。

3.2.3 其他工作

（1）督促施工单位不得将模板支架、缆风绳、泵送混凝土输送管等固定在支架上，严禁悬挂起重设备；

（2）督促施工单位做好支架防电措施，支架在架设和使用期间要严防与带电体接触；

（3）督促施工单位不得在六级以上大风和雷雨、下雪天气施工；

（4）督促施工单位加强领导带班值班值守，完善防台风、防高处坠落等现场应急处置方案，储备应急物资，及时开展应急演练；

（5）监督安全专项费用投入及使用情况；

（6）涉及特种设备、起重吊装、临时用电等施工过程中的安全管理工作参照相应章节执行。

3.3 场站建设

包括施工驻地、拌和站、钢筋加工厂、预制场建设等。

3.3.1 施工准备监理要点

（1）审查、审批场站建设专项施工方案，重点审查选址安全评估、资源配置、风险分析、安全保障措施、应急处置措施、结构计算、监控监测、验收内容及标准等相关内容；

（2）开展安全生产条件核查，并填写《危险性较大的分部分项工程施工前安全生产条件核查表》，报建设单位确认；

（3）检查人员、材料、设备、选址及规模是否与批准的方案一致；

（4）检查施工单位是否与第三方供应商签订安全生产协议。

3.3.2 施工过程监理要点

（1）检查施工单位技术、安全管理人员到岗履职情况及特种作业人员持证上岗情况；

（2）检查、督促施工单位严格按照批复的专项施工方案组织施工，重点检查起重吊装作业、焊接作业、临时用电、高空作业、深基坑、现场消防等情况；

（3）督促施工单位做好料仓分隔墙、防雨棚、储料罐、沉淀池等结构的安全防控措施，高耸结构应做好防雷接地及防倾覆措施，沥青储存罐应做好消防管理；

（4）场站建设完成后，组织或参与检查验收；

（5）督促施工单位按方案要求开展监控监测；

（6）检查临时用电敷设及使用是否符合要求，督促施工单位做好动火作业管理；

（7）督促施工单位在场区内明显位置设置特种设备生产许可证、检验合格证、使用登记证牌。

3.3.3 其他工作

（1）检查场站消防通道是否畅通，消防设施、器材配置是否合理；

（2）检查变压器、配电房、配电箱等是否按要求设置安全防护；

（3）督促施工单位按要求设置危险公示牌；

（4）督促施工单位做好场站使用过程中的日常检查、监测监控；

（5）督促施工单位加强领导带班值班值守，完善防台风、防高处坠落等现场应急处置方案，储备应急物资，及时开展应急演练；

（6）监督安全专项费用投入及使用情况；

（7）涉及特种设备、起重吊装、临时用电等施工过程中的安全管理工作参照相应章节执行。

3.4 临时用电

3.4.1 施工准备监理要点

（1）审查、审批临时用电施工方案，重点审查是否经企业技术负责人批准及资源配置、风险分析、安全保障措施、应急处置措施、负荷计算、验收内容及标准等相关内容；

（2）开展安全生产条件核查，包括人员教育培训、安全技术交底、电工是否持证上岗；

（3）督促施工单位做好临时用电安全防护及应急保障措施。

3.4.2 施工过程监理要点

（1）检查施工单位技术、安全管理人员到岗履职情况及特种作业人员持证上岗情况；

（2）检查、督促施工单位严格按照批复的专项施工方案组织施工，重点检查电缆敷设、防雷、接地等情况，电线穿越道路、轨道等应按方案采取保护措施；

（3）临时用电建设完成后，参与检查验收；

（4）检查、督促施工单位临时用电"一机一闸"、防雨防潮及消防器材配置等落实情况；

（5）检查施工单位电工配置数量、持证情况及巡视记录等。

3.4.3 其他工作

（1）检查接地系统的完整性，抽查接地电阻；

（2）督促施工单位做好临时用电的日常维护、检修；

（3）监督安全专项费用投入及使用情况；

（4）涉及特种设备、起重吊装等施工过程中的安全管理工作参照相应章节执行。

3.5 消防

3.5.1 施工准备监理要点

（1）审查、审批消防应急方案，重点审查资源配置、风险分析、安全保障措施、应急处置措施、验收内容及标准等相关内容；

（2）督促施工单位做好进场消防器材的配置、维修保养计划及定期检查；

（3）督促施工单位做好演练方案，并按计划实施；

（4）督促施工单位建立、完善防火安全管理组织体系和各项防火规章制度，落实安全消防责任制；

（5）检查消防器材厂家出厂合格证；

（6）检查施工作业人员作业前安全教育培训、交底情况。

3.5.2 施工过程监理要点

（1）检查施工单位技术、安全管理人员到岗履职情况及特种作业人员持证上岗情况；

（2）检查、督促施工单位严格按照批复的专项施工方案组织施工，重点检查消防通道的畅通，火灾隐患排查，消防器材维修、更换、保养等情况；

（3）督促施工单位对施工人员进行消防安全教育，落实专人管理明火、燃气、燃油，在易燃物品仓库、可燃材料堆放位置设置明显的禁烟标志；

（4）督促施工单位必须将动力和照明电源线分开设置，严禁乱接乱拉电气线路，禁止在施工现场焚烧，针对易燃、可燃物品应当每天清理，集中存放在安全地点；

（5）督促施工单位严格按规范进行电焊、气割作业，严禁在有可燃气体、粉尘危险性场所焊割，禁止同部位上下交叉作业，焊割现场必须配备灭火器材，焊割结束或离开操作现场时，必须切断电源、气源。

3.5.3 其他工作

（1）督促施工单位禁止在高压架空线下搭建临时建筑物和堆放易燃、可燃物品；

（2）督促施工单位临时建筑物不宜超过两层，临时宿舍的房间建筑面积大于 50 m² 的，应当设置两个安全出入口，临时宿舍内禁止使用大功率照明、取暖和电加热设备；

（3）督促施工单位根据现场施工环境和火灾类型配备相应的消防器材；

（4）监督安全专项费用投入及使用情况；

（5）涉及特种设备、起重吊装、临时用电等施工过程中的安全管理工作参照相应章节执行。

3.6 钢栈桥、施工平台

3.6.1 施工准备监理要点

（1）审查、审批钢栈桥、施工平台专项施工方案，重点审查资源配置、风险分析、安全保障措施、应急处置措施、监控监测、验收内容及标准、结构计算及第三方验算等相关内容；

（2）开展安全生产条件核查，并填写《危险性较大的分部分项工程施工前安全生产条件核查表》，报建设单位确认；

（3）督促施工单位做好进场钢栈桥、构配件、临边防护材料等符合性检验（如外观、结构尺寸等）。

3.6.2 施工过程监理要点

（1）检查施工单位技术、安全管理人员到岗履职情况及特种作业人员持证上岗情况；

（2）检查、督促施工单位严格按照批复的专项施工方案组织施工，重点检查扩大基础承载力、桩基长度或贯入度、受力构件（杆件）连接等关键部位及特种设备管理情况；

（3）钢栈桥施工完成后，组织或参与检查验收；

（4）检查、督促施工单位做好日常安全检查，重点检查安全防护、警示标志、临时用电、防雷接地等设置情况及防洪度汛、监控监测措施；

（5）督促施工单位按批准的专项施工方案进行钢栈桥拆除，明确分工，统一指挥，按要求设置警戒区和安全警示标志标牌，做好作业人员个人防护，严格遵守拆除顺序，不准上下层同时作业。

3.6.3 其他工作

（1）督促施工单位做好钢栈桥面板和防滑措施的维护，钢栈桥临时荷载有序堆放；

（2）在通航水域，督促施工单位做好通航设施及防撞设施的日常维护；

（3）钢栈桥搭设及检查维修时，督促施工人员做好个人防护；

（4）督促施工单位做好钢栈桥交通及人员管控；

（5）督促施工单位加强领导带班值班值守，完善防台风、防高处坠落等现场应急处置方案，储备应急物资，及时开展应急演练；

（6）监督安全专项费用投入及使用情况；

（7）涉及特种设备、起重吊装、临时用电等施工过程中的安全管理工作参照相应章节执行。

3.7 移动模架

3.7.1 施工准备监理要点

（1）审查、审批移动模架专项施工方案，重点审查资源配置、风险分析、安全保障措施、应急处置措施、监控监测、验收内容及标准、移动过孔检查、结构计算和第三方验算及设计单位复核确认等相关内容；

（2）开展安全生产条件核查，并填写《危险性较大的分部分项工程施工前安全生产条件核查表》，报建设单位确认；

（3）移动模架进场后，督促施工单位做好构配件、临边防护材料等符合性检验（如外观、结构尺寸等）。

3.7.2 施工过程监理要点

（1）检查施工单位技术人员、安全管理人员到岗履职情况及特种作业人员持证上岗情况；

（2）检查、督促施工单位严格按照批复的专项施工方案组织施工，重点检查移动模架的主梁导梁系统、吊架支撑系统、模板系统、移位调整系统、液压电气系统及辅助设施等重点部位，确保移动模架系统的强度、刚度、稳定性符合要求；

（3）移动模架拼装完成并经静载预压后，及时组织或参与检查验收；

（4）检查临时用电、消防器材、照明设施、安全通道及平台、安全防护措施、安全警示标志标牌、风险告示牌是否满足要求；

（5）移动模架过孔时，督促施工单位对移动模架系统进行详细检查；

（6）督促施工单位做好移动模架使用过程中的日常检查、监测监控，落实极端天气情况下的应急管理措施；

（7）督促施工单位按批准的专项施工方案进行移动模架拆除，明确分工，统一指挥，按要求设置警戒区和安全警示标志标牌，做好作业人员个人防护，严格遵守拆除顺序，不准上下层同时作业。

3.7.3 其他工作

（1）在移动模架安装、拆除前，督促施工单位对使用的起重吊装设备进行全面检查和维护；

（2）督促施工单位按要求设置危险公示牌及验收告知牌；

（3）督促施工单位不得在六级以上大风和雷雨、下雪天气施工；

（4）督促施工单位加强领导带班值班值守，完善防台风、防高处坠落等现场应急处置方案，储备应急物资，及时开展应急演练；

（5）监督安全专项费用投入及使用情况；

(6）涉及特种设备、起重吊装、临时用电等施工过程中的安全管理工作参照相应章节执行。

3.8 挂篮施工

3.8.1 施工准备监理要点

（1）审查、审批挂篮施工专项施工方案，重点审查资源配置、风险分析、安全保障措施、应急处置措施、监控监测、验收内容及标准、结构验算书及设计单位复核确认等相关内容；

（2）开展安全生产条件核查，并填写《危险性较大的分部分项工程施工前安全生产条件核查表》，报建设单位确认；

（3）督促施工单位做好挂篮构配件及临边防护材料等符合性检验（如外观、结构尺寸等）。

3.8.2 施工过程监理要点

（1）检查施工单位技术、安全管理人员到岗履职情况及特种作业人员持证上岗情况；

（2）检查、督促施工单位严格按照批复的专项施工方案组织施工，重点检查挂篮行走系统、悬吊系统、模板系统、锚固系统安全性能；

（3）挂篮拼装完成并经预压后，及时组织或参与检查验收；

（4）督促施工单位检查临时用电、消防器材、照明设施、安全通道及平台、安全防护措施、安全警示标志标牌、风险告示牌、验收告知牌是否满足要求；

（5）检查施工单位在挂篮行走前、行走中、行走后的内部检查记录；

（6）督促施工单位做好挂篮使用过程中的监测监控工作；

（7）存在交叉作业或跨越既有道路的，督促施工单位设置安全通道、防护棚架等措施；

（8）督促施工单位关注气象条件，大风、大雨等极端天气不得施工，并采取必要的防倾覆措施；

（9）督促施工单位按批准的专项施工方案进行挂篮拆除，明确分工，统一指挥，按要求设置警戒区和安全警示标志标牌，做好作业人员个人防护，严格遵守拆除顺序，不准上下层同时作业；

（10）0号块支架（托架）及边跨合龙段支架施工参照本示例"3.2支架"。

3.8.3 其他工作

（1）督促施工单位与挂篮安装拆除专业单位签订安全生产协议；

（2）预压过程中，重点关注加卸载程序、荷载偏载及沉降观测等情况；

（3）督促施工单位加强领导带班值班值守，完善防台风、防高处坠落等现场应急处置方案，储备应急物资，及时开展应急演练；

（4）监督安全专项费用投入及使用情况；

（5）涉及特种设备、起重吊装、临时用电等施工过程中的安全管理工作参照相应章节执行。

3.9 特种设备

3.9.1 施工准备监理要点

（1）审查、审批特种设备安装及拆除专项施工方案，重点审查设备选型、使用年限、风险分析、安全保障措施、应急处置措施、结构验算书、监控监测、验收等相关内容；

（2）开展安全生产条件核查，并填写《危险性较大的分部分项工程施工前安全生产条件核查表》，报建设单位确认；

（3）督促施工单位做好特种设备构配件、安全防护设置符合性检验（如外观、结构尺寸、技术参数、维护说明等）。

3.9.2 施工过程监理要点

（1）检查施工单位技术、安全管理人员到岗履职情况及特种作业人员持证上岗情况；

（2）检查、督促施工单位严格按照批复的专项施工方案组织施工，重点检查特种设备安拆警戒区设置、特种设备报验及使用登记、特种设备"一机一档"建立情况等；

（3）特种设备安装完成、试运行后，参与验收；

（4）特种设备使用过程中，督促施工单位做好安全检查，重点检查设备基础、限位装置、报警装置、监控装置、吊索吊具装置、防雷装置、附墙设置及临时用电、消防器材、照明设施、安全通道及平台、安全防护措施、安全警示标志标牌、风险告示牌、验收告知牌等；

（5）督促施工单位做好特种设备日常维护、保养工作，并做好运行、维保记录；

（6）督促施工单位按批准的专项施工方案进行设备拆除，明确分工，统一指挥，按要求设置警戒区和安全警示标志标牌，做好作业人员个人防护，严格遵守拆除顺序，不准上下层同时作业。

3.9.3 其他工作

（1）督促施工单位建立并完善特种设备安全技术档案；

（2）督促施工单位按规定做好设备的定期检验工作；

（3）督促施工单位关注气象条件，大风、大雨等极端大气不得施工，并采取必要的安全措施；

（4）督促施工单位加强领导带班值班值守，完善防台风、防高处坠落等现场应急处置方案，储备应急物资，及时开展应急演练；

（5）监督安全专项费用投入及使用情况；

（6）涉及起重吊装、临时用电等施工过程中的安全管理工作参照相应章节执行。

3.10 猫道

3.10.1 施工准备监理要点

（1）督促施工单位对猫道进行专门设计，猫道应有足够的强度、刚度和抗风稳定性，必要时进行抗风稳定性模型试验；

（2）审查、审批猫道架设及拆除专项施工方案，重点审查资源配置、风险分析、安全保障措施、应急处置措施、结构计算及验算、监控监测、验收内容及标准等相关内容；

（3）开展安全生产条件核查，并填写《危险性较大的分部分项工程施工前安全生产条件核查表》，报建设单位确认；

（4）督促施工单位做好进场牵引系统（特别是牵引机械设备及连接构件）、猫道承重索、锚固螺杆等配件及临边防护材料等符合性检验（包括外观、结构尺寸、性能试验等）。

3.10.2 施工过程监理要点

（1）检查施工单位技术人员、安全管理人员到岗履职情况及特种作业人员持证上岗情况；

（2）检查、督促施工单位严格按照批复的专项施工方案组织施工，重点检查猫道承重索、锚头（具）、锚固螺杆、卷扬机刹车及锚固系统、滑轮组等；

（3）猫道安装完成后，及时组织或参与验收；

（4）督促施工单位检查猫道锚固系统受力部件、猫道面网、防滑条、侧网、扶手索及临时用电、消防器材、照明设施、安全通道及平台、安全防护措施、安全警示标志标牌、风险告示牌等是否满足要求；

（5）猫道在使用过程中，督促施工单位做好监测监控工作；

（6）督促施工单位关注气象条件，大风、大雾、大雨等极端天气不得施工，并采取必要的加固措施；

（7）督促施工单位按批准的专项施工方案进行猫道拆除，明确分工，统一指挥，按要求设置警戒区和安全警示标志标牌，做好作业人员个人防护，严格遵守拆除顺序，不准上下层同时作业。

3.10.3 其他工作

（1）督促施工单位做好先导索架设相关工作；

（2）在猫道架设、拆除时，督促施工单位设置专人值班，做好特种设备、卷扬机、拽拉器、滑轮组、猫道承重索锚固系统等检查维护；

(3）督促施工单位加强领导带班值班值守，完善防风、防高处坠落等现场应急处置方案，储备应急物资，及时开展应急演练；

（4）监督安全专项费用投入及使用情况；

（5）涉及高处作业、起重吊装、临时用电等施工过程中的安全管理工作参照相应章节执行。

3.11 液压爬模施工

3.11.1 施工准备监理要点

（1）督促施工单位对液压爬模系统进行专门设计，强度、刚度应满足施工要求；

（2）审查、审批专项施工方案，重点审查资源配置、风险分析、安全保障措施、应急处置措施、监控监测、结构验算书及设计单位复核确认、验收内容及标准等相关内容；

（3）开展安全生产条件核查，并填写《危险性较大的分部分项工程施工前安全生产条件核查表》，报建设单位确认；

（4）督促施工单位做好进场液压爬模构配件、临边防护材料等符合性检验（如外观、结构尺寸等），爬锥质量应进行外委检测。

3.11.2 施工过程监理要点

（1）检查施工单位技术人员、安全管理人员到岗履职情况及特种作业人员持证上岗情况；

（2）检查、督促施工单位严格按照批复的专项施工方案组织施工，重点检查预埋件、模板、支架、导轨、换向装置和液压动力装置等；

（3）液压爬模安装完成后，及时组织或参与验收；

（4）督促施工单位检查临时用电、消防器材、照明设施、安全通道及平台、安全防护措施、安全警示标志标牌、风险告示牌是否满足要求；

（5）液压爬模在使用过程中，督促施工单位经常检查、及时更换预埋爬锥配套螺栓，检查爬模各层、各块段堆载情况，检查塔（墩）柱内腔安全防护措施的落实情况；

（6）检查、督促施工单位做好液压爬模爬升前、爬升后的检查，并填写检查记录，爬升时混凝土承载体受力处强度应满足要求；

（7）督促施工单位关注气象条件，大风、大雾、大雨等极端天气停止施工，夜间不宜进行爬模爬升；

（8）督促施工单位按批准的专项施工方案进行液压爬模拆除，明确分工，统一指挥，按要求设置警戒区和安全警示标志标牌，做好作业人员个人防护，严格遵守拆除顺序，不准上下层同时作业。

3.11.3 其他工作

（1）督促施工单位设置专人、专班对液压爬模进行管控、操作；

（2）督促施工单位加强领导带班值班值守，完善防风、防高处坠落等现场应急处置方案，储备应急物资，及时开展应急演练；

（3）监督安全专项费用投入及使用情况；

（4）涉及特种设备、起重吊装、临时用电等施工过程中的安全管理工作参照相应章节执行。

3.12 缆索吊机

3.12.1 施工准备监理要点

（1）审查、审批专项施工方案，重点审查设备选型、风险分析、安全保障措施、应急处置措施、结构计算及验算、安全保障措施、验收内容及标准、安装单位资质等相关内容；

（2）开展安全生产条件核查，并填写《危险性较大的分部分项工程施工前安全生产条件核查表》，报建设单位确认；

（3）督促施工单位做好缆索吊机零部件进场验收，复核专用吊装门架的强度、刚度及稳定性。

3.12.2 施工过程监理要点

(1) 检查施工单位技术人员、安全管理人员到岗履职情况及特种作业人员持证上岗情况;

(2) 检查、督促施工单位严格按照批复的专项施工方案组织施工,重点检查门架钢结构、卷扬机及底座机架、导向滑轮、滑车组;

(3) 缆索吊机安装完成后,及时组织或参与验收;

(4) 督促施工单位检查临时用电、安全通道及平台、操作规程、安全防护措施、安全警示标志标牌、风险告示牌是否满足要求;

(5) 缆索吊机施工期间,检查安装场地空间是否足够、构件倒运顺序及安装工序,检查零部件在横桥向的位置转换情况,核算起吊构件的重量、幅度;

(6) 督促施工单位关注气象条件,大风、大雾、大雨等极端天气不得进行施工;

(7) 督促施工单位按批准的专项施工方案进行缆索吊机拆除,明确分工,统一指挥,按要求设置警戒区和安全警示标志标牌,做好作业人员个人防护,严格遵守拆除顺序,不准上下层同时作业。

3.12.3 其他工作

(1) 缆索吊机安装施工时,督促施工单位设立警戒线并设专人监护,与施工无关人员禁止进入,高空作业人员必须落实安全防护措施;

(2) 督促施工单位加强领导带班值班值守,完善防高处坠落等现场应急处置方案,储备应急物资,及时开展应急演练;

(3) 监督安全专项费用投入及使用情况;

(4) 涉及特种设备、起重吊装、临时用电等施工过程中的安全管理工作参照相应章节执行。

3.13 路基石方爆破

3.13.1 施工准备监理要点

(1) 审查、审批专项施工方案，重点审查资源配置、施工工艺、风险分析、安全保障措施、应急处置措施、监控监测等相关内容；

(2) 开展安全生产条件核查，并填写《危险性较大的分部分项工程施工前安全生产条件核查表》，报建设单位确认；

(3) 审核爆破单位的资质及参加爆破作业人员持证上岗情况，严禁无证人员从事爆破作业；

(4) 督促施工单位在实施爆破前对周边环境（附近建筑物、管线、人员等）进行调查，并采取必要的安全防护措施。

3.13.2 施工过程监理要点

(1) 检查施工单位技术人员、安全管理人员到岗履职情况及特种作业人员持证上岗情况；

(2) 检查、督促施工单位严格按照批复的专项施工方案组织施工，重点检查民爆物资管理、警戒防护措施、石方转运、弃渣场等安全管理工作；

(3) 督促施工单位做好现场警戒防护、盲炮处理、安全警示标志标牌、风险告知等措施；

(4) 爆破完成后，督促施工单位按要求进行稳定性监测及安全防护。

3.13.3 其他工作

(1) 督促施工单位对爆破作业人员进行安全技术交底；

(2) 督促施工单位加强领导带班值班值守，完善物体打击、爆破伤害等现场应急处置方案，储备应急物资，及时开展应急演练；

(3) 监督安全专项费用投入及使用情况。

3.14 大型支挡工程

3.14.1 施工准备监理要点

（1）审查、审批专项施工方案，重点审查资源配置、施工工艺、风险分析、安全保障措施、应急处置措施、监控监测等相关内容；

（2）开展安全生产条件核查，并填写《危险性较大的分部分项工程施工前安全生产条件核查表》，报建设单位确认；

（3）督促施工单位在作业前对周边环境（附近建筑物、管线等）进行调查，并采取必要的安全防护措施。

3.14.2 施工过程监理要点

（1）检查施工单位技术人员、安全管理人员到岗履职情况及特种作业人员持证上岗情况；

（2）督促施工单位及时对现场使用的大型机械设备进行登记、检测、验收；

（3）检查、督促施工单位严格按照批复的专项施工方案组织施工，重点检查临时用电、照明设施、截排水、安全通道及平台、安全防护措施、安全警示标志标牌、风险源告知牌等安全管理工作；

（4）督促施工单位做好监测监控工作；

（5）涉及人工开挖的抗滑桩、挡土墙基坑开挖及支架、起重吊装、特种设备、临时用电等施工过程中的安全管理工作参照相应章节执行。

3.14.3 其他工作

（1）在支挡工程施工时，督促施工单位设置专人值班，检查边坡位移、沉降、渗水及周围环境等情况；

（2）督促施工单位加强领导带班值班值守，完善坍塌、高空坠落、物体打击等现场应急处置方案，储备应急物资，及时开展应急演练；

（3）监督安全专项费用投入及使用情况。

3.15 滑坡处理

3.15.1 施工准备监理要点

（1）审查、审批滑坡处理专项施工方案，重点审查资源配置、施工工序、风险分析、安全保障、应急处置措施、监控监测等相关内容；

（2）开展安全生产条件核查，并填写《危险性较大的分部分项工程施工前安全生产条件核查表》，报建设单位确认；

（3）督促施工单位认真核对滑坡区域内工程地质水文资料，掌握地质、滑动面深度及动态变化、地下水作用情况等。

3.15.2 施工过程监理要点

（1）检查施工单位技术人员、安全管理人员到岗履职情况及特种作业人员持证上岗情况；

（2）督促施工单位及时对现场使用的大型机械设备进行登记、检测、验收；

（3）检查、督促施工单位严格按照批复的专项施工方案组织施工，重点检查临时用电、照明设施、截排水、安全通道及平台、安全防护措施、安全警示标志标牌、风险源告知牌等安全管理工作；

（4）督促施工单位做好监测监控工作；

（5）督促施工单位在开挖过程中密切注意核对地质情况，发现实际地质情况与设计不符或地质有异常变化时，及时通报相关单位；

（6）督促施工单位定期对滑坡区域开展巡查工作，若发现坡体有裂缝、滑移等扩大迹象，应立即暂停施工，并启动应急预案；

（7）涉及支护工程、支架、起重吊装、特种设备、临时用电等施工过程中的安全管理工作参照相应章节执行。

3.15.3 其他工作

（1）雨季施工时，督促施工单位安排专人值守，并做好相关检查记录；

（2）督促施工单位加强领导带班值班值守，完善坍塌、高空坠落、物体打击等现场应急处置方案，储备应急物资，及时开展应急演练；

（3）监督安全专项费用投入及使用情况。

3.16 高边坡工程

3.16.1 施工准备监理要点

（1）审查、审批高边坡处理专项施工方案，重点审查资源配置、施工工序、风险分析、安全保障措施、应急处置措施、监控监测等相关内容；

（2）开展安全生产条件核查，并填写《危险性较大的分部分项工程施工前安全生产条件核查表》，报建设单位确认；

（3）督促施工单位认真核对施工区域内工程地质水文资料，掌握地质、地下水埋藏深度及动态变化、地下水作用情况等。

3.16.2 施工过程监理要点

（1）检查施工单位技术人员、安全管理人员到岗履职情况及特种作业人员持证上岗情况；

（2）督促施工单位及时对现场使用的大型机械设备进行登记、检测、验收；

（3）检查、督促施工单位严格按照批复的专项施工方案组织施工，重点检查临时用电、照明设施、截排水、安全通道及平台、安全防护措施、安全警示标志标牌、风险源告知牌等安全管理工作；

（4）督促施工单位做好监测监控工作；

（5）督促施工单位在开挖过程中及时核对地质情况，发现实际地质情况与设计不符或地质有异常变化时，及时通报相关单位；

（6）督促施工单位定期对施工区域开展巡查工作，若发现坡体有裂缝、滑移等扩大迹象，应立即暂停施工，并启动应急预案；

（7）涉及支护工程、支架、爆破作业、起重吊装、特种设备、临时用电等施工过程中的安全管理工作参照相应章节执行。

3.16.3 其他工作

（1）雨季施工时，督促施工单位安排专人值守，并做好相关检查记录；

（2）督促施工单位加强领导带班值班值守，完善坍塌、高空坠落、物体打击等现场应急处置方案，储备应急物资，及时开展应急演练；

（3）监督安全专项费用投入及使用情况。

3.17 深基坑

3.17.1 施工准备监理要点

（1）审查、审批专项施工方案，重点审查水文地质情况、施工工艺、基坑开挖及支护方式、基坑降排水、风险分析、结构计算及验算、监测监控、安全保障措施、应急处置措施等相关内容；

（2）开展安全生产条件核查，并填写《危险性较大的分部分项工程施工前安全生产条件核查表》，报建设单位确认；

（3）督促施工单位明确深基坑土石方运输方式、路线及弃渣场。

3.17.2 施工过程监理要点

（1）检查施工单位技术人员、安全管理人员到岗履职情况及特种作业人员持证上岗情况；

（2）检查、督促施工单位严格按照批复的专项施工方案组织施工，重点检查开挖顺序、开挖深度、放坡坡率、降排水设施、临时支撑、支护方式等；

（3）督促施工单位检查临时用电、消防器材、照明设施、安全通道及平台、操作规程、安全防护措施、安全警示标志标牌、风险告示牌是否满足要求；

（4）在基坑内施工过程中，重点检查降水、排水系统的运转情况，及时督促封堵渗漏点，雨季施工时，检查降水井水位和抽排水设备的配置情况；

（5）督促施工单位做好监测监控工作；

（6）检查、督促施工单位及时清运开挖土石方，严禁在基坑周边堆载；

（7）督促施工单位按批准的专项施工方案进行临时防护设施拆除，严格遵守拆除顺序，按要求设置警戒区和安全警示标志标牌，做好作业人员个人防护。

3.17.3 其他工作

（1）基坑施工时，应关注基坑位移、沉降、坑底隆起、渗水及周围环境等情况，基坑施工完成后，及时按要求回填；

（2）督促施工单位加强领导带班值班值守，合理设置逃生通道，完善坍塌等现场应急处置方案，储备应急物资，及时开展应急演练；

（3）监督安全专项费用投入及使用情况；

（4）涉及特种设备、起重吊装、临时用电等施工过程中的安全管理工作参照相应章节执行。

3.18 人工挖孔桩

3.18.1 施工准备监理要点

（1）督促施工单位对桩基拟采用人工挖孔施工工艺的必要性进行论证；

（2）审查、审批专项施工方案，重点审查水文地质情况、施工工艺、风险分析、安全保障措施、结构计算及验算、应急处置措施等相关内容，如涉及孔内爆破作业应在方案中进行专门设计；

（3）开展安全生产条件核查，并填写《危险性较大的分部分项工程施工前安全生产条件核查表》，报建设单位确认。

3.18.2 施工过程监理要点

（1）检查施工单位技术人员、安全管理人员到岗履职情况及特种作业人员持证上岗情况；

（2）检查、督促施工单位按照批复的专项施工方案组织施工，重点检查周边环境状况、开孔顺序、开孔前洞口安全防护及排水措施、分段挖土及护壁施工、渣土清运及通风降尘、爆破施工（如有）、钢筋笼安放、混凝土灌注等；

（3）督促施工单位检查临时用电、消防器材、照明设施、通风设施、安全通道及平台、安全防护措施及个体防护、安全警示标志标牌、风险告示牌是否满足要求；

（4）孔内通风设备和气体浓度检测仪器应保持完好，进入桩孔前，应先通风 15 min 以上，检查确认孔内空气符合规定方可进入孔内作业，作业过程中应持续通风，如遇有毒有害气体时，督促施工单位按方案做好应急处置；

（5）雨水天气不得进行人工挖孔作业。

3.18.3 其他工作

（1）人工挖孔有爆破施工时，重点检查火工品的管理和爆破后孔内通风除尘；

（2）督促施工单位加强领导带班值班值守，保障孔内外通信畅通，完善现场应急处置方案，储备应急物资，及时开展应急演练；

（3）监督安全专项费用投入及使用情况；

（4）涉及特种设备、起重吊装、爆破施工、临时用电等施工过程中的安全管理工作参照相应章节执行。

3.19 深水桩基础

3.19.1 施工准备监理要点

（1）审查、审批专项施工方案，重点审查资源配置、施工工艺、风险分析、安全保障措施、应急处置措施、验收内容及标准等相关内容；

（2）开展安全生产条件核查，并填写《危险性较大的分部分项工程施工前安全生产条件核查表》，报建设单位确认；

（3）深水桩基础施工前，重点检查钻孔作业平台验收、钻机设备进场验收等资料。

3.19.2 施工过程监理要点

（1）检查施工单位技术人员、安全管理人员到岗履职情况及特种作业人员持证上岗情况；

（2）检查、督促施工单位严格按照批复的专项施工方案组织施工，重点检查开孔顺序、护筒埋设、钻机就位、泥浆循环、安放钢筋笼和钢导管、混凝土灌注等；

（3）督促施工单位检查临时用电、消防器材、照明设施、安全通道及平台、操作规程、安全防护措施、安全警示标志标牌、风险告示牌是否满足要求，临时拆除的孔口安全防护应及时恢复；

（4）钢筋笼安放时，重点检查钢筋笼专用吊具、钢丝绳和锁扣等是否满足要求。

3.19.3 其他工作

（1）督促施工单位做好作业人员劳保用品穿戴检查，夜间施工要穿反光背心；

（2）督促施工单位加强领导带班值班值守，完善现场应急处置方案，储备应急物资，及时开展应急演练；

（3）监督安全专项费用投入及使用情况；

（4）涉及钻孔平台、特种设备、起重吊装、临时用电等施工过程中的安全管理工作参照相应章节执行。

3.20 大型承台

3.20.1 施工准备监理要点

（1）审查、审批专项施工方案，重点审查水文地质情况、施工工艺及方法、风险分析、安全保障措施、结构计算及验算、应急处置措施、验收内容及标准等相关内容；

（2）开展安全生产条件核查，并填写《危险性较大的分部分项工程施工前安全生产条件核查表》，报建设单位确认；

（3）涉及水上施工的，督促施工单位办理水上水下施工许可证并报监理备案，参与施工的船舶及船员资质证书需报监理审查。

3.20.2 施工过程监理要点

（1）检查施工单位技术人员、安全管理人员到岗履职情况及特种作业人员持证上岗情况；

（2）检查、督促施工单位严格按照批复的专项施工方案组织施工，重点检查钢筋安装、劲性骨架安装、模板安装、作业平台等；

（3）督促施工单位检查临时用电、消防器材、照明设施、安全逃生通道、安全防护措施、安全警示标志标牌、风险告示牌是否满足要求；

（4）混凝土强度满足要求后方可进行模板拆除。

3.20.3 其他工作

（1）大型承台施工期间，重点检查立体交叉作业的安全管理；

（2）督促施工单位加强领导带班值班值守，完善坍塌等现场应急处置方案，储备应急物资，及时开展应急演练；

（3）监督安全专项费用的投入及使用情况；

（4）涉及围堰工程、特种设备、起重吊装、临时用电等施工过程中的安全管理工作参照相应章节执行。

3.21 锚碇工程

3.21.1 施工准备监理要点

（1）审查、审批专项施工方案，重点审查水文地质情况、施工工艺、基坑降排水、风险分析、安全保障措施、结构计算及验算、监测监控、应急处置措施等相关内容；

（2）开展安全生产条件核查，并填写《危险性较大的分部分项工程施工前安全生产条件核查表》，报建设单位确认；

（3）督促施工单位做好进场锚碇基础、主体工程构配件、临边防护材料等符合性检验（如外观、结构尺寸等）。

3.21.2 施工过程监理要点

（1）检查施工单位技术人员、安全管理人员到岗履职情况及特种作业人员持证上岗情况。

（2）检查、督促施工单位严格按照批复的专项施工方案组织施工。隧道式锚碇施工时，重点检查隧道洞室爆破施工的火工品安全管理及隧道洞口护拱施工、超前地质预报、监控量测、应急逃生设施等；地下连续墙施工时，重点检查警戒区域、施工机械设备、导槽施工、钢筋笼吊装及安放、混凝土灌注、基坑开挖、锚碇填芯施工等。

（3）检查、督促施工单位做好锚体工程钢筋分层绑扎、模板安装、混凝土灌注、作业平台等安全管理工作。

（4）督促施工单位检查临时用电、消防器材、照明设施、安全逃生通道及平台、安全防护措施、安全警示标志标牌、风险告示牌是否满足要求。

（5）督促施工单位按批准的专项施工方案进行模板及临时设施拆除，明确分工，统一指挥，按要求设置警戒区和安全警示标志标牌，做好作业人员个人防护，严格遵守拆除顺序，不准上下层同时作业。

3.21.3 其他工作

（1）锚碇工程施工期间，督促施工单位做好工序转换期间的检查验收；

（2）督促施工单位加强领导带班值班值守，合理设置逃生通道，完善坍塌等现场应急处置方案，储备应急物资，及时开展应急演练；

（3）监督安全专项费用投入及使用情况；

（4）涉及特种设备、承重支架、起重吊装、临时用电等施工过程中的安全管理工作参照相应章节执行。

3.22 索塔

3.22.1 施工准备监理要点

（1）审查、审批索塔专项施工方案，重点审查资源配置、风险分析、安全保障措施、应急处置措施、模板体系计算、监控监测、验收内容及标准等相关内容；

（2）开展安全生产条件核查，并填写《危险性较大的分部分项工程施工前安全生产条件核查表》，报建设单位确认；

（3）督促施工单位做好进场模板、支撑体系构配件、临边防护材料及人员上下通道等符合性检验（如外观、结构尺寸等）。

3.22.2 施工过程监理要点

（1）检查施工单位技术人员、安全管理人员到岗履职情况及特种作业人员持证上岗情况；

（2）检查、督促施工单位严格按照批复的专项施工方案组织施工，重点检查预埋件、模板、支架、导轨、换向装置和液压动力装置等；

（3）督促施工单位检查作业平台、电梯、塔吊、临时用电、爬升系统等设施完好情况；

（4）涉及水上作业的索塔施工，督促施工单位完善钢栈桥和作业平台的安全防护措施，经验收合格后方可使用；

（5）检查塔吊、电梯等特种设备的第三方检验合格证件，督促施工单位做好防雷、附墙设施，并加强设备、设施的维护保养；

（6）当采用劲性骨架辅助钢筋安装时，督促施工单位在地面上制作好后再起吊就位安装；

（7）液压爬模作业安全监理控制要点参照"3.11"执行。

3.22.3 其他工作

（1）督促施工单位不得在六级以上大风和雷雨、下雪天气施工；

(2)督促施工单位加强领导带班值班值守，完善防风、防高处坠落等现场应急处置方案，储备应急物资，及时开展应急演练；

(3)监督安全专项费用投入及使用情况；

(4)涉及特种设备、起重吊装、临时用电等施工过程中的安全管理工作参照相应章节执行。

3.23 缆索安装

3.23.1 施工准备监理要点

（1）审查、审批缆索专项施工方案，重点审查资源配置、风险分析、安全保障措施、应急处置措施、计算书、监控监测、验收内容及标准等相关内容；

（2）开展安全生产条件核查，并填写《危险性较大的分部分项工程施工前安全生产条件核查表》，报建设单位确认；

（3）督促施工单位做好牵引系统的构配件、进场设备、临边防护材料及人员上下通道等符合性检验（如外观、结构尺寸等）。

3.23.2 施工过程监理要点

（1）检查施工单位技术人员、安全管理人员到岗履职情况及特种作业人员持证上岗情况。

（2）检查、督促施工单位严格按照批复的专项施工方案组织施工。

（3）先导索及猫道作业安全监理控制要点参照3.10章节执行。

（4）督促施工单位做好机械设备作业前、作业中、作业后的检查工作，并做好维护保养工作。

（5）当进行悬索桥主缆架设施工时，还应督促施工单位做好架设系统的调试工作，作业过程中重点对前锚头、猫道滚筒、鞍座滚筒、塔顶及散索鞍门架导轮组、放索机构等进行观测，并做好定期维护保养工作；督促施工单位按要求控制索股放索速度，索股牵引过程中安排专人盯控牵引锚头，并沿线监测索股的运行状况；检查、督促施工单位在索股整形入鞍时，做好索股与握索器、索槽、索鞍位置的临时锚固措施；督促施工单位在索股入锚、提升和横移时设专人指挥，并设置安全警戒区，防止人员进入提高的索股下等危险区域。

（6）当进行锁夹和吊索施工时，还应督促施工单位做好索夹在猫道上的存放工作和主缆定位后索夹的锚固工作；检查、督促施工单位按要求进行猫道面层开孔作业，并及时完善孔口安全防护措施和警示标志。

（7）当进行斜拉桥斜拉索安装施工时，还应督促施工单位做好斜拉索在桥面上的安全警示工作和吊装过程中的抗风稳定工作；督促施工单位在斜拉索起吊、挂设提升、牵引、压锚等施工过程中，重点检查斜拉索锚点或拉伸受力点的锚固方式和吊具是否符合要求，并做好对斜拉索的保护措施；采用塔吊（或卷扬机）将斜拉索吊至桥面时，督促施工单位使用两幅夹片，夹片螺栓必须拧紧；督促施工单位对软牵引撑脚、压套、工具锚等设备进行静拉试验，符合要求后方可使用；督促施工单位在塔肢挂索前检查塔顶卷扬机状况、卷扬机与塔顶平台的固定措施；塔肢内施工属有限空间作业，督促施工单位遵守有关安全规定。

3.23.3 其他工作

（1）督促施工单位不得在六级以上大风和雷雨、下雪天气施工；

（2）督促施工单位加强领导带班值班值守，完善防风、防高处坠落等现场应急处置方案，储备应急物资，及时开展应急演练；

（3）监督安全专项费用投入及使用情况；

（4）涉及特种设备、起重吊装、临时用电等施工过程中的安全管理工作参照相应章节执行。

3.24 起重吊装

3.24.1 施工准备监理要点

（1）审查、审批起重吊装专项施工方案，重点审查设备选型、资源配置、风险分析、安全保障措施、应急处置措施、计算书、安全检查和验收等相关内容；

（2）开展安全生产条件核查，并填写《危险性较大的分部分项工程施工前安全生产条件核查表》，报建设单位确认；

（3）起重设备进场或安装完成后，及时组织或参与验收，属于特种设备的，检查第三方检验合格证件；

（4）检查起重吊装设备所使用的钢丝绳及索具，应具备有生产资质的制造厂商提供的出厂合格证和材质证明；

（5）新钢丝绳在使用前，检查其合格证，确认钢丝绳的性能和规格符合要求。

3.24.2 施工过程监理要点

（1）检查施工单位技术人员、安全管理人员到岗履职情况及特种作业人员持证上岗情况。

（2）检查、督促施工单位严格按照批复的专项施工方案组织施工，重点检查起重机构件连接、滑轮、吊索、吊具和安全装置等。

（3）督促施工单位按要求与第三方供应商签订安全生产协议。

（4）检查、督促施工单位在起重吊装过程中设置专人进行管理，并完善吊装作业区的警示标识和安全隔离措施，确保施工现场的环境、道路架空电线等符合要求。

（5）督促施工单位在每班作业前对安全装置、制动系统进行检查，吊装前按要求进行试吊；吊装大型构件时设置溜绳，严格控制运行速度。

（6）督促施工单位严格按照批准的方案计算所确定的吊点位置进行起吊，严格遵守"十不吊"原则。

（7）采用自行式起重机械进行起重吊装时，应督促施工单位严格选择起重设备的作业位置，确保与沟渠、基坑保持安全距离；作业过程中重点检查支腿安全状况；采用双机抬吊时，督促施工单位严格按要求选用同类型或性能相近的起重机，负载分配合理，单机载荷不得超过额定起重量的80%。

（8）采用塔式起重机进行起重吊装时，还应检查、督促施工单位做好起重机的安装、升降塔身、锚固及拆装等工作，重点检查基础、限位、限重、防雷、消防、连墙件（如有）、临时用电等；督促施工单位在起重机停工、休息或中途停电时，做好重物的下放和放松抱闸工作。

（9）采用卷扬机进行起重吊装时，还应检查、督促施工单位严格按预定位置安装卷扬机，重点做好卷扬机与基础或底架的连接工作；督促施工单位在使用前检查卷扬机的安全装置、制动系统、钢丝绳等是否完好，并做好维护保养工作；检查吊装钢丝绳的长度，达到最低起升高度时，卷筒上钢丝绳的缠绕圈数应符合要求。

（10）采用门式起重机进行起重吊装时，还应督促施工单位严格按要求铺设起重机轨道，并做好轨道接地工作；检查、督促施工单位按要求配备安全装置，包括声光报警装置、夹轨器、铁鞋、车挡等，并定期维护保养；督促施工单位在每班作业前检查各行程限位装置安全状况。

（11）采用架桥机进行起重吊装时，还应督促施工单位在架桥机拼装完成后进行自检，重点检查电气系统和液压系统等；检查、督促施工单位设置有效的安全、防护装置等，严格控制前支腿的形式和层数，并做好维护保养工作；督促施工单位在架桥机过孔中安排专人进行现场指挥，并做好过孔前、过孔中、过孔后的安全检查；督促施工单位不得在超过架桥机允许的纵横坡范围进行起重作业。

（12）采用缆索起重机进行起重吊装时，应督促施工单位配备符合要求的人员上下通道和安排专人在缆索起重机吊装时实时观测塔架的偏位情况；检查、督促施工单位做好起重设备的安全限位和塔架抗风稳定工作；吊装时间过长、天气温差大时，督促施工单位对承重索垂度进行调整，保证承重索受力均匀，且索力在设计范围之内。

（13）采用船舶吊进行起重吊装时，应督促施工单位在施工作业前取得业主和海事部门及有关单位的许可，办理水上施工许可、航行通告等有关施工手续；督促施工单位做好安全警示工作，作业时显示水上作业号型、号灯、信号旗等；督促施工单位在吊重物移船时做好吊物的稳定措施。

（14）督促施工单位严格按照方案要求的顺序进行拆除作业。

3.24.3 其他工作

（1）督促施工单位不得在六级以上大风和雷雨、下雪天气施工；

（2）起重设备安装、拆除过程中，因故（天气、下班、停电等）对未形成空间稳定体系的部分，督促施工单位采取有效的加固措施；

（3）督促施工单位对起重设备进行定期维护保养，并做好相关记录；

（4）督促施工单位定期对特种设备进行检验，取得检验合格证后方可继续使用；

（5）督促施工单位加强领导带班值班值守，完善防风、防高处坠落等现场应急处置方案，储备应急物资，及时开展应急演练；

（6）监督安全专项费用投入及使用情况；

（7）涉及特种设备、临时用电等施工过程中的安全管理工作参照相应章节执行。

3.25 拱肋安装——以支架安装为例

3.25.1 施工准备监理要点

（1）审查、审批拱肋安装专项施工方案，重点审查资源配置、风险分析、安全保障措施、应急处置措施、计算书、起重设备的安装和拆除方案等相关内容；

（2）开展安全生产条件核查，并填写《危险性较大的分部分项工程施工前安全生产条件核查表》，报建设单位确认；

（3）督促施工单位做好进场支架构配件、临边防护材料等符合性检验（包括外观、结构尺寸等）。

3.25.2 施工过程监理要点

（1）检查施工单位技术人员、安全管理人员到岗履职情况及特种作业人员持证上岗情况；

（2）检查、督促施工单位严格按照批复的专项施工方案组织施工；

（3）支架作业安全监理控制要点参照 3.2 章节执行；

（4）起重吊装安全监理控制要点参照 3.24 章节执行；

（5）检查、督促施工单位做好拱肋到达预定位置的临时固定措施；

（6）检查、督促施工单位做好焊缝的检测工作，合格后方可进行下一阶段吊装；

（7）督促施工单位做好对支架、拱肋的监控监测工作。

3.25.3 其他工作

（1）督促施工单位不得在六级以上大风和雷雨、下雪天气施工；

（2）督促施工单位加强领导带班值班值守，完善防风、防高处坠落等现场应急处置方案，储备应急物资，及时开展应急演练；

（3）监督安全专项费用投入及使用情况；

（4）涉及特种设备、起重吊装、临时用电等施工过程中的安全管理工作参照相应章节执行。

3.26 高墩

3.26.1 施工准备监理要点

（1）督促施工单位对液压爬模系统进行专门设计，强度、刚度、稳定性应满足施工要求；

（2）审查、审批高墩工程专项施工方案，重点审查资源配置、风险分析、安全保障措施、应急处置措施、临时受力结构计算书、临时设施计算书、塔吊安装与拆除方案、施工电梯安装与拆除方案等相关内容；

（3）开展安全生产条件核查，并填写《危险性较大的分部分项工程施工前安全生产条件核查表》，报建设单位确认；

（4）督促施工单位做好进场构配件、临边防护材料等符合性检验（如外观、结构尺寸等），爬锥质量应进行外委检测。

3.26.2 施工过程监理要点

（1）检查施工单位技术人员、安全管理人员到岗履职情况及特种作业人员持证上岗情况；

(2)检查、督促施工单位严格按照批复的专项施工方案组织施工;

(3)涉及水上作业的墩柱施工,督促施工单位完善钢便桥和作业平台的安全防护措施,经验收合格后方可使用;

(4)采用爬模施工工艺作业安全监理控制要点参照3.11章节执行;

(5)当采用翻模工艺进行高墩施工时,还应督促施工单位做好模板安装过程中的临时安全措施和翻模前、爬升后的检查,并填写检查记录。

3.26.3 其他工作

(1)督促施工单位不得在六级以上大风和雷雨、下雪天气施工;

(2)因故(天气、下班、停电等)对未形成空间稳定体系的部分,督促施工单位采取有效的加固措施;

(3)督促施工单位加强领导带班值班值守,完善防风、防高处坠落等现场应急处置方案,储备应急物资,及时开展应急演练;

(4)监督安全专项费用投入及使用情况;

(5)涉及特种设备、起重吊装、临时用电等施工过程中的安全管理工作参照相应章节执行。

3.27 不良地质隧道

3.27.1 施工准备监理要点

(1)审查、审批隧道专项施工方案,重点审查资源配置、技术保障措施、风险分析、安全保障措施、应急处置措施、监控量测、弃渣场设置、验收等相关内容;

(2)开展安全生产条件核查,并填写《危险性较大的分部分项工程施工前安全生产条件核查表》,报建设单位确认;

(3)督促施工单位做好进场机械设备、台车、通风、照明、逃生管道、气体检测等符合性检验(如准入制、外委及外观、结构尺寸等);

(4)审核、审批施工单位隧道施工监控量测及超前地质预报方案,检查施工单位爆破专项施工方案审批程序合规性；

（5）督促施工单位做好周边地质情况及施工环境调查。

3.27.2 施工过程监理要点

（1）检查施工单位技术人员、安全管理人员到岗履职情况及特种作业人员持证上岗情况。

（2）检查、督促施工单位严格按照批复的专项施工方案组织施工。

（3）洞口施工时，督促施工单位做好进洞前边仰坡防护和排水设施，存在偏压时应在支挡工程完工后进行开挖作业，做好洞口标准化建设并参与验收。

（4）洞身施工时，督促施工单位严格按照"早预报、预加固、弱爆破、短进尺、强支护、早封闭、勤量测、快衬砌"的原则组织施工，加强对工作台车、栈桥等临边防护、消防、防倾覆等安全措施的落实及维护，加强对围岩及支护的检查监测，按规定控制作业面人数及掌子面、仰拱、二衬安全步距，做好洞内施工人员及设备的警示标识，并及时维护或更新。

（5）核查隧道监控量测和超前地质预报实施方案的落实情况，及时审核成果报告。监测单位发出预警时，及时复核确认，督促施工单位按规定程序上报，及时制定并落实处置措施。

（6）督促施工单位做好爆破作业前的民爆物资储存、运输，警戒、防护及爆破后的通风、降尘工作。

（7）督促施工单位做好洞内防、排水。

（8）督促施工单位做好洞内外交通管理，落实各项交通安全标识标牌的设置。

（9）督促施工单位做好洞内气体定期检测工作。

（10）检查、督促施工单位做好隧道临时用电、消防安全管理，并定期开展巡视检查工作。

（11）针对富水软弱破碎围岩隧道施工，还应督促施工单位在施工过程中加强对地下水的监测，并依据监测结果动态调整设计和施工参数。如出现浑水、突水、突泥、出水量突然增大、坍塌等异常情况，施工单位应立即停止施工，并做好应急处置工作。

（12）针对岩溶地质隧道施工，还应督促施工单位开展地质调查，做出预测分析，制定防范措施。

（13）针对软岩大变形地质隧道施工，还应督促施工单位做好围岩岩性、地应力、水文地质、地质构造、变形机制分析。如发现拱顶下沉、周边位移、底鼓、围岩内部位移、支护结构变形等情况，应及时上报并制定处置措施。

（14）针对瓦斯隧道施工，还应检查、督促施工单位编制专项施工方案、超前地质预报方案、通风设计方案、瓦斯监测方案、应急预案、作业要点手册等，并及时审查、审批；施工过程中，督促施工单位按规定做好瓦斯检测、记录、报告及洞内设备、人员、爆破、临时用电、通风、消防等安全管理工作。开挖完成后应及时喷锚支护、封闭围岩、堵塞岩面缝隙。

3.27.3 其他工作

（1）隧道开挖、仰拱施作采用先进工装的，应督促施工单位编制专项施工方案并进行充分论证后，严格按方案实施；

（2）督促施工单位加强领导带班值班值守，完善防坍塌、防火等现场应急处置方案，储备应急物资，及时开展应急演练；

（3）监督安全专项费用投入及使用情况；

（4）涉及特种设备、临时用电、起重吊装等施工过程中的安全管理工作参照相应章节执行。

3.28 连拱隧道

3.28.1 施工准备监理要点

参照"3.27.1"执行

3.28.2 施工过程监理要点

（1）常规管理过程参照"3.27.2"相关要求；

（2）针对中导洞施工，督促、检查施工单位严格做好中导洞顶部超前支护（洞口大管棚）小导管注浆，开挖以人工为主、小型挖掘机配合进行，周边以人

工、风镐修饰尽量减少对围岩的扰动,初期支护应及时快速,缩短围岩暴露时间;

(3)督促、检查施工单位中导洞必须超前施工,并严格控制中隔墙砼的施工质量;

(4)针对侧导洞、主洞施工,督促施工单位应在先行洞模筑衬砌砼到达设计要求的强度后进行后行洞的开挖衬砌施工,严格控制主洞左右两洞开挖掌子面错开步距;

(5)督促施工单位应监测连拱隧道中隔墙的位移,并及时对中隔墙架设水平支撑,后开挖隧道一侧的中隔墙和主洞之间的空隙宜回填密实或支撑稳固;

(6)在地质条件不同的两孔隧道,督促施工单位先开挖地质条件较差的隧道,后开挖地质条件较好的隧道;

(7)针对连拱隧道,还应督促施工单位根据中导洞探察的岩层情况确定合理的施工方案,中导洞不得作为爆破临空面,中隔墙和主洞之间的空隙宜回填密实或支撑稳固。

3.28.3 其他工作

参照"3.27.3"执行。

3.29 大跨径隧道

3.29.1 施工准备监理要点

参照"3.27.1"执行。

3.29.2 施工过程监理要点

(1)常规管理过程参照"3.27.2"相关要求;

(2)针对大跨径隧道,还应督促施工单位强化监控量测及超前地质预报工作,充分利用检测数据指导现场动态管控。

3.29.3 其他工作

参照"3.27.3"执行。

3.30 浅埋、偏压隧道

3.30.1 施工准备监理要点

参照"3.27.1"执行。

3.30.2 施工过程监理要点

（1）常规管理过程参照"3.27.2"相关要求；

（2）针对浅埋、偏压隧道施工，督促施工单位加强对浅埋段应地表沉降、拱顶下沉的监测，偏压隧道施工时应加强对围岩的监测；

（3）地面有建（构）筑物时，应督促施工单位采用控制爆破技术，并应监测爆破震动及变形；

（4）督促施工单位对浅埋段地点地表冲沟、陷穴、裂缝等回填夯实、砂浆抹面，并处理地表水，应根据土压情况对偏压段进行平衡、加固处理。

3.30.3 其他工作

参照"3.27.3"执行。

3.31 路面工程

3.31.1 施工准备监理要点

（1）审查、审批路面工程专项施工方案，重点审查资源配置、施工工序、风险分析、安全保障、应急处置措施等相关内容；

（2）开展安全生产条件核查，并填写《危险性较大的分部分项工程施工前安全生产条件核查表》，报建设单位确认；

（3）督促施工单位为作业人员配备必要的安全帽、反光衣、防毒口罩、抗高温鞋等安全防护用品。

3.31.2 施工过程监理要点

（1）检查施工单位技术人员、安全管理人员到岗履职情况及特种作业人员持证上岗情况；

（2）督促施工单位及时对现场使用的大型机械设备进行登记、检测、验收；

（3）检查、督促施工单位严格按照批复的专项施工方案组织施工，重点检查临时用电、照明设施、安全防护措施、交通管制、安全警示标志标牌、风险源告知牌等安全管理工作；

（4）夜间施工时，督促施工单位在危险路段设置警示灯、反光标志，机械设备均应配备照明设施，且必须满足夜间施工要求；

（5）隧道路面施工时，要求施工单位在洞口设专人指挥，做好洞内照明和通风工作；

（6）涉及场站建设、起重吊装、特种设备、临时用电等施工过程中的安全管理工作参照相应章节执行。

3.31.3 其他工作

（1）督促施工单位加强各类机械设备的日常维修和保养；

（2）督促施工单位加强领导带班值班值守，完善车辆伤害、物体打击等现场应急处置方案，储备应急物资，及时开展应急演练；

（3）监督安全专项费用投入及使用情况。

3.32 交通安全设施工程

3.32.1 施工准备监理要点

（1）审查、审批交通安全设施工程专项施工方案，重点审查资源配置、施工工艺、风险分析、安全保障措施、应急处置措施等相关内容；

（2）开展安全生产条件核查，并填写《危险性较大的分部分项工程施工前安全生产条件核查表》，报建设单位确认；

（3）检查施工单位安全教育培训、技术交底情况。

3.32.2 施工过程监理要点

（1）检查施工单位技术人员、安全管理人员到岗履职情况及特种作业人员持证上岗情况；

（2）督促施工单位及时对现场使用的大型机械设备进行登记、检测、验收；

（3）检查、督促施工单位严格按照批复的专项施工方案组织施工，重点检查临时用电、照明设施、安全防护措施、交通管制、安全警示标志标牌、风险源告知牌等安全管理工作；

（4）在通行道路或夜间施工时，督促施工单位采取限速、导流等措施保证车辆通行及作业人员安全，指挥人员和作业人员应按规定穿反光服或反光背心；

（5）督促施工单位使用液压升降机或高空平台作业车开展高处作业，以及在浇筑临边混凝土护栏或安装金属护栏时，必须采取防坠落措施；

（6）涉及起重吊装、特种设备、临时用电、占道涉路等施工过程中的安全管理工作参照相应章节执行。

3.32.3 其他工作

（1）督促施工单位加强各类机械设备的日常维修和保养；

（2）督促施工单位加强领导带班值班值守，完善车辆伤害、物体打击、高空坠落等现场应急处置方案，储备应急物资，及时开展应急演练；

（3）监督安全专项费用投入及使用情况。

3.33 保畅施工

3.33.1 施工准备监理要点

（1）审查、审批保畅施工专项施工方案，重点审查资源配置、风险分析、安全保障措施、应急处置措施等相关内容；

（2）检查施工单位涉路施工手续及交通组织方案审批情况；

（3）检查施工单位交通保畅安全保证体系建立、专职安全管理人员配备及在岗履职情况；

（4）检查施工单位交通保畅队伍资质、人员配备情况；

（5）检查施工单位交通保畅安全教育培训、技术交底情况。

3.33.2 施工过程监理要点

（1）检查施工单位技术人员、安全管理人员到岗履职情况及特种作业人员持证上岗情况；

（2）检查、督促施工单位严格按照批复的专项施工方案组织施工，重点检查现场从业人员是否按要求统一穿着具有反光效果的服装，禁止在危险区域逗留，不得随意违规穿越通行车道；

（3）督促施工单位严格按照已审批的交通组织方案设置施工作业控制区，检查施工单位交通安全设施、交通保畅应急资源配备等；

（4）督促施工单位加强施工车辆管理，按要求办理涉路施工手续，车辆安全性能、标志及安全标识要符合要求，禁止违章行驶；

（5）督促施工单位机械设备、备用材料在规定作业区域内堆放整齐；

（6）检查保通设备、保通人员是否按方案配备到位，保通人员是否对隔离栅、锥桶、水马等安全设施进行维护；

（7）检查各类交通保畅安全管理记录等内容。

3.33.3 其他工作

（1）督促施工单位制定安全操作规程，并向施工人员进行安全技术和工程交通安全方案交底；

（2）督促施工单位及时发布施工信息及周边路况信息，细化落实远端提示及近端分流措施；

（3）督促施工单位在开工前及时召开保畅工作协调会；

（4）督促施工单位加强领导带班值班值守，完善防拥堵、防交通事故等现场应急处置方案，储备应急物资，及时开展应急演练；

(5) 监督安全专项费用投入及使用情况；

(6) 涉及特种设备、起重吊装、临时用电等施工过程中的安全管理工作参照相应章节执行。

3.34 拆除工程

3.34.1 施工准备监理要点

(1) 审查、审批拆除工程专项施工方案，全面了解拆除工程的图纸和资料，进行现场勘查，重点审查资源配置、风险分析、安全保障措施、应急处置措施、结构计算、监控监测、验收内容及标准等相关内容；

(2) 开展安全生产条件核查，并填写《危险性较大的分部分项工程施工前安全生产条件核查表》，报建设单位确认；

(3) 督促施工单位做好拆除设备进场，签订安全生产管理协议，明确双方的安全管理责任。

3.34.2 施工过程监理要点

(1) 检查施工单位技术人员、安全管理人员到岗履职情况及特种作业人员持证上岗情况。

(2) 检查、督促施工单位严格按照批复的专项施工方案组织施工，重点检查拆除设备、拆除顺序、危险区域警戒和相应的安全警示标志的设置等情况。

(3) 督促施工单位对影响作业的管线、设施和树木的挪移进行核查，当被拆除建筑与交通道路的安全跨度不能满足要求时，必须采取相应的安全防护措施。

(4) 督促施工单位机械拆除时，非作业人员不得进入施工区，且机械设备使用的场地必须满足足够的承载力；拆除顺序必须按照从上至下、逐层分段进行：先拆除非承重结构，再拆除承重结构；作业中机械不得同时回转、行走；采用双机抬吊作业时，施工中必须保持两台起重机同步作业。

(5) 爆破拆除时，督促施工单位严格按爆破方案、爆破管理办法执行，必须持有工程所在地法定部门核发的《爆炸物品使用许可证》。

（6）拆除工程完成后，督促施工单位将拆除材料运输到指定位置，且及时恢复相应的安全防护设施等。

3.34.3 其他工作

（1）督促施工单位在拆除工程作业中发现不明物体时应停止施工，采取相应的应急措施、保护现场并及时向有关部门报告，按照国家相关部门和地方各级政府有关法规要求妥善处理；

（2）督促施工单位制定生产安全事故应急救援预案，并配备抢险救援器材；

（3）督促施工单位保持消防通道畅通，且配备足够的灭火器材；

（4）督促施工单位加强领导带班值班值守，完善机械伤害、高空坠落等现场应急处置方案，储备应急物资，及时开展应急演练；

（5）监督安全专项费用投入及使用情况；

（6）涉及特种设备、起重吊装、临时用电等施工过程中的安全管理工作参照相应章节执行。

4 监理工作方法和措施

4.1 监理工作方法

监理在安全管理工作中,采取巡视检查、专项检查、验收等工作方法,重点针对安全生产条件符合性、专项施工方案落实、应急措施保障等进行督促及检查,确保施工安全。

4.1.1 巡视检查

(1)监理工程师采取以巡视为主的方式对施工现场进行安全监理,对危险性较大的分部分项工程的施工作业每天不少于1次,并填写巡视记录(附表1-2)。

(2)监理工程师在开展巡视检查过程中,发现有违规施工和存在安全事故隐患的,按照本《示例》监理工作流程执行。

(3)巡视检查的主要内容:

①施工现场管理人员特别是安全管理人员是否到位,特种作业人员是否持证上岗;

②安全、施工标准化等措施是否落实;

③使用的构配件和主要施工机械设备是否与批准的一致;

④是否按技术标准、工程设计文件、批准的专项施工方案施工。

4.1.2 专项检查

(1)专项检查由监理工程师组织,包括重大节假日、重大活动、极端天气等特殊时段,以及平安工地建设、安全专项活动、消防、特种设备、临时用电等安全专项检查。

（2）监理工程师制订年度专项检查计划，并按计划执行，做好检查记录。

（3）专项检查的主要内容：

①检查施工单位安全生产管理制度落实情况；

②检查施工单位进场的施工机械、设备、材料，以及人员履约、持证上岗等情况；

③检查施工单位风险辨识、评估及风险管控措施落实情况；

④检查施工单位平安工地建设自查自纠及自评情况。

（4）监理工程师在开展专项检查过程中，发现有违规施工和存在安全事故隐患的，按照本《示例》监理工作流程执行。

4.1.3 验收

督促施工单位及时按照专项施工方案组织对钻孔平台、栈桥、围堰、支架、脚手架、大型模板、移动模架、挂篮等大型临时设施，以及塔吊、龙门吊、架桥机、升降机等特种设备进行验收。验收合格后方可投入使用。

4.2 监理工作措施

4.2.1 组织措施

建立健全监理安全生产责任体系，明确内部职责分工，建立全员安全生产责任制，实现全员、全过程、全方位安全管理，同时采取考核的办法，落实安全监理责任（明确组织机构图，参考安全生产领导小组组织机构图）。

4.2.2 技术措施

督促施工单位编制危险性较大分部分项工程的专项施工方案，按规定组织论证、审查。监理工程师及时审查、审批专项施工方案，结合制定的安全监理细则，及时组织监理人员交底，过程中督促施工单位严格按照批复的专项施工方案施工。

4.2.3 经济措施

督促施工单位制订安全专项费用计划，并严格按计划投入和使用，定期对安全生产费用投入情况进行验收、计量。采用巡视检查和专项检查，督促施工单位规范作业行为，发现存在安全违规行为的，依据合同规定进行违约处理。

4.2.4 合同措施

审查专业分包、劳务分包的资质、业绩及安全生产许可证。督促施工单位签订分包合同和安全生产协议，层层签订安全生产责任书，督促施工单位按照合同文件相关要求进场人员、设备。

4.3 具体措施

（1）检查施工单位每日班前会开展情况，参加施工单位每周或每旬组织的安全自查。

（2）监理工程师定期开展施工现场安全检查，并将检查中发现的涉及施工安全的情况、存在的问题、处理的措施和结果及时记入监理日志、监理月报和监理日常工作台账中。

（3）监理工程师在对危险性较大分部分项工程的专项施工方案实施情况进行检查时，若发现未按专项施工方案实施的情形，要签发监理指令单，要求施工单位整改。

（4）监理工程师在检查过程中发现施工作业人员存在违章违规行为时，要视情节轻重，依据合同规定给予罚款、通报批评、停工等处罚。

（5）分项工程交验时，安全事故的现场处理未完成的，监理工程师拒绝签发《分项工程（中间）交工证书》。

5 巡视检查、专项检查、验收等计划

巡视检查、专项检查、验收等计划结合本《示例》第一章节"工程内容和特点"五大示例中危险性较大的分部分项工程（钢栈桥工程、高边坡工程、高墩工程、不良地质隧道工程、改扩建项目保通工程）进行编制，结合项目实际应用情况进行编写，编写格式参照以下示例格式执行。

5.1 钢栈桥工程

5.1.1 巡视检查计划

监理工程师按 4.1.1 明确的巡视内容开展巡视检查，检查计划如表 5-1 所示。

表 5-1 巡视计划

巡视部位	巡视人员（明确具体人员）	备注
例：××标段××号钢栈桥	张××（安全专业监理工程师）、王××（桥梁专业监理工程师）	监理人员按不同标段进行人员分工
如：一标段1号钢栈桥	安全、桥梁专业监理工程师（负责该标段的相应专业监理工程师）	
如：一标段2号钢栈桥	安全、桥梁专业监理工程师（负责该标段的相应专业监理工程师）	
如：二标段1号钢栈桥	安全、桥梁专业监理工程师（负责该标段的相应专业监理工程师）	

5.1.2 专项检查计划

监理工程师按 4.1.2 明确的检查内容开展专项检查,检查计划如表 5－2 所示(具体以钢栈桥施工、使用时间段为准开展相应专项检查)。

表 5－2 专项检查计划

专项检查类别	计划时间	计划参加人员 (明确具体的人员)
平安工地建设	每年每季度末	总监、副总监,安全、桥梁专业监理工程师
重大节假日、重要活动	相应节假日和活动前	总监、副总监,安全、桥梁专业监理工程师
极端天气	极端天气来临前后	副总监,安全、桥梁专业监理工程师
安全生产月活动	每年 6 月	总监、副总监,安全、桥梁专业监理工程师
特种设备	每年 3 月和 9 月	安全、桥梁、合同专业监理工程师
消防	每年 5 月和 11 月	安全、桥梁专业监理工程师
临时用电	每年 4 月和 10 月	安全、桥梁专业监理工程师

5.1.3 验收计划

监理工程师按 4.1.3 明确的验收内容开展验收，验收计划如表 5-3 所示。

表 5-3 验收计划

验收内容	计划时间	验收人员 （明确具体的人员）
例：××标段××号钢栈桥	安装完成，并经施工单位自检合格后	张××、王××、李××、曾××
如：一标段 1 号钢栈桥（履带吊）	安装完成，并经施工单位自检合格后	安全、桥梁、合同、测量专业监理工程师（具体人员为负责该标段钢栈桥施工相应监理工程师）
如：一标段 2 号钢栈桥（履带吊）	安装完成，并经施工单位自检合格后	安全、桥梁、合同、测量专业监理工程师（具体人员为负责该标段钢栈桥施工相应监理工程师）
如：二标段 1 号钢栈桥（履带吊）	安装完成，并经施工单位自检合格后	安全、桥梁、合同、测量专业监理工程师（具体人员为负责该标段钢栈桥施工相应监理工程师）

5.2 高边坡工程

5.2.1 巡视检查计划

监理工程师按 4.1.1 明确的巡视内容开展巡视检查，检查计划如表 5-4 所示。

表 5-4 巡视计划

巡视部位	巡视人员（明确具体人员）	备注
例：××标段××号高边坡	张××（安全专业监理工程师）、王××（路基专业监理工程师）	监理人员按不同标段进行人员分工
如：一标段1号高边坡	安全、路基专业监理工程师（负责该标段的相应专业监理工程师）	
如：一标段2号高边坡	安全、路基专业监理工程师（负责该标段的相应专业监理工程师）	
如：二标段1号高边坡	安全、路基专业监理工程师（负责该标段的相应专业监理工程师）	

5.2.2 专项检查计划

监理工程师按 4.1.2 明确的检查内容开展专项检查,检查计划如表 5-5 所示(具体以高边坡施工时间段为准开展相应专项检查)。

表 5-5 专项检查计划

专项检查类别	计划时间	计划参加人员 (明确具体的人员)
平安工地建设	每年每季度末	总监、副总监,安全、路基专业监理工程师
重大节假日、重要活动	相应节假日和活动前	总监、副总监,安全、路基专业监理工程师
极端天气	极端天气来临前后	副总监,安全、路基专业监理工程师
安全生产月活动	每年 6 月	总监、副总监,安全、路基专业监理工程师
临时用电	每年 4 月和 10 月	安全、路基专业监理工程师

5.2.3 验收计划

监理工程师按 4.1.3 明确的验收内容开展验收,验收计划如表 5-6 所示。

表 5-6 验收计划

验收内容	计划时间	验收人员 (明确具体的人员)
例:××标段××号高边坡	施工完成经施工单位自检合格后	张××、王××、李××、曾××
如:一标段 1 号高边坡(脚手架、支架等)	施工完成经施工单位自检合格后	安全、路基、合同、测量专业监理工程师(具体人员为负责该标段路基工程施工相应监理工程师)
如:一标段 2 号高边坡(脚手架、支架等)	施工完成经施工单位自检合格后	安全、路基、合同、测量专业监理工程师(具体人员为负责该标段路基工程施工相应监理工程师)
如:二标段 1 号高边坡(脚手架、支架等)	施工完成经施工单位自检合格后	安全、路基、合同、测量专业监理工程师(具体人员为负责该标段路基工程施工相应监理工程师)

5.3 高墩工程

5.3.1 巡视检查计划

监理工程师按 4.1.1 明确的巡视内容开展巡视检查,检查计划如表 5-7 所示。

表 5-7 巡视计划

巡视部位	巡视人员(明确具体人员)	备注
例:××标段××桥梁××墩	张××(安全专业监理工程师)、王××(桥梁专业监理工程师)	监理人员按不同标段进行人员分工
如:一标段 1 号桥 1~10 墩	安全、桥梁专业监理工程师(负责该标段的相应专业监理工程师)	
如:一标段 2 号桥 1~10 墩	安全、桥梁专业监理工程师(负责该标段的相应专业监理工程师)	
如:二标段 1 号桥 1~10 墩	安全、桥梁专业监理工程师(负责该标段的相应专业监理工程师)	

5.3.2 专项检查计划

监理工程师按4.1.2明确的检查内容开展专项检查,检查计划如表5-8所示(具体以高墩施工时间段为准开展相应专项检查)。

表5-8 专项检查计划

专项检查类别	计划时间	计划参加人员（明确具体的人员）
平安工地建设	每年每季度末	总监、副总监，安全、桥梁专业监理工程师
重大节假日、重要活动	相应节假日和活动前	总监、副总监，安全、桥梁专业监理工程师
极端天气	极端天气来临前后	副总监，安全、桥梁专业监理工程师
安全生产月活动	每年6月	总监、副总监，安全、桥梁专业监理工程师
特种设备	每年3月和9月	安全、桥梁、合同专业监理工程师
消防	每年5月和11月	安全、桥梁专业监理工程师
临时用电	每年4月和10月	安全、桥梁专业监理工程师

5.3.3 验收计划

监理工程师按 4.1.3 明确的验收内容开展验收,验收计划如表 5-9 所示。

表 5-9 验收计划

验收内容	计划时间	验收人员 (明确具体的人员)
例:××标段××桥梁××墩	安装完成,并经施工单位自检合格后	张××、王××、李××、曾××
如:一标段 1 号桥 1~10 墩(大型模板、塔吊、电梯、升降机等)	安装完成,并经施工单位自检合格后	安全、桥梁、合同、测量专业监理工程师(具体人员为负责该标段高墩施工相应监理工程师)
如:一标段 2 号桥 1~10 墩(大型模板、塔吊、电梯、升降机等)	安装完成,并经施工单位自检合格后	安全、桥梁、合同、测量专业监理工程师(具体人员为负责该标段高墩施工相应监理工程师)
如:二标段 1 号桥 1~10 墩(大型模板、塔吊、电梯、升降机等)	安装完成,并经施工单位自检合格后	安全、桥梁、合同、测量专业监理工程师(具体人员为负责该标段高墩施工相应监理工程师)

5.4 不良地质隧道工程

5.4.1 巡视检查计划

监理工程师按 4.1.1 明确的巡视内容开展巡视检查，检查计划如表 5-10 所示。

表 5-10 巡视计划

巡视部位	巡视人员（明确具体人员）	备注
例：××标段××号隧道	张×ד（安全专业监理工程师）、王××（隧道专业监理工程师）	监理人员按不同标段进行人员分工
如：一标段1号隧道	安全、隧道专业监理工程师（负责该标段的相应专业监理工程师）	
如：一标段2号隧道	安全、隧道专业监理工程师（负责该标段的相应专业监理工程师）	
如：二标段1号隧道	安全、隧道专业监理工程师（负责该标段的相应专业监理工程师）	

5.4.2 专项检查计划

监理工程师按 4.1.2 明确的检查内容开展专项检查,检查计划如表 5-11 所示(具体以隧道施工时间段为准开展相应专项检查)。

表 5-11 专项检查计划

专项检查类别	计划时间	计划参加人员 (明确具体的人员)
平安工地建设	每年每季度末	总监、副总监,安全、隧道专业监理工程师
重大节假日、重要活动	相应节假日和活动前	总监、副总监,安全、隧道专业监理工程师
极端天气	极端天气来临前后	副总监,安全、隧道专业监理工程师
安全生产月活动	每年 6 月	总监、副总监,安全、隧道专业监理工程师
特种设备	每年 3 月和 9 月	安全、隧道、合同专业监理工程师
消防	每年 5 月和 11 月	安全、隧道专业监理工程师
临时用电	每年 4 月和 10 月	安全、隧道专业监理工程师

5.4.3 验收计划

监理工程师按 4.1.3 明确的验收内容开展验收,验收计划如表 5-12 所示。

表 5-12 验收计划

验收内容	计划时间	验收人员（明确具体的人员）
例:××标段××号隧道（施工台车、大型模板、压力容器）	安装完成,并经施工单位自检合格后	张××、王××、李××、曾××
如:一标段1号隧道（施工台车、大型模板、压力容器）	安装完成,并经施工单位自检合格后	安全、隧道、合同、测量专业监理工程师（具体人员为负责该标段隧道施工相应监理工程师）
如:一标段2号隧道（施工台车、大型模板、压力容器）	安装完成,并经施工单位自检合格后	安全、隧道、合同、测量专业监理工程师（具体人员为负责该标段隧道施工相应监理工程师）
如:二标段1号隧道（施工台车、大型模板、压力容器）	安装完成,并经施工单位自检合格后	安全、隧道、合同、测量专业监理工程师（具体人员为负责该标段隧道施工相应监理工程师）

5.5 改扩建项目保通工程

5.5.1 巡视检查计划

监理工程师按 4.1.1 明确的巡视内容开展巡视检查，检查计划如表 5-13 所示。

表 5-13 巡视计划

巡视部位	巡视人员（明确具体人员）	备注
例：××标段××桩号~××桩号	张××（安全专业监理工程师）、王××（路面专业监理工程师）	监理人员按不同标段进行人员分工
如：一标段 K0+000~K10+258 段	安全、路面专业监理工程师（负责该标段的相应专业监理工程师）	
如：一标段 K10+258~K25+369 段	安全、路面专业监理工程师（负责该标段的相应专业监理工程师）	
如：二标段 K25+369~K38+147 段	安全、路面专业监理工程师（负责该标段的相应专业监理工程师）	

5.5.2 专项检查计划

监理工程师按 4.1.2 明确的检查内容开展专项检查，检查计划如表 5-14 所示（具体以改扩建施工时间段为准开展相应专项检查）。

表 5-14 专项检查计划

专项检查类别	计划时间	计划参加人员（明确具体的人员）
平安工地建设	每年每季度末	总监、副总监，安全、路面专业监理工程师
重大节假日、重要活动	相应节假日和活动前	总监、副总监，安全、路面专业监理工程师
极端天气	极端天气来临前后	副总监，安全、路面专业监理工程师
安全生产月活动	每年 6 月	总监、副总监，安全、路面专业监理工程师
消防	每年 5 月和 11 月	安全、路面专业监理工程师
临时用电	每年 4 月和 10 月	安全、路面专业监理工程师

5 巡视检查、专项检查、验收等计划

5.5.3 验收计划

监理工程师按 4.1.3 明确的验收内容开展验收,验收计划如表 5-15 所示。

表 5-15 验收计划

验收内容	计划时间	验收人员 (明确具体的人员)
例:××标段××桩号~××桩号(安全通道、保通、保畅实施)	安装完成,并经施工单位自检合格后	张××、王××、李××、曾××
如:一标段 K0+000~K10+258 段(安全通道、保通、保畅实施)	安装完成,并经施工单位自检合格后	安全、路面、合同、测量专业监理工程师(具体人员为负责该标段改扩建工程施工相应监理工程师)
如:一标段 K10+258~K25+369 段(安全通道、保通、保畅实施)	安装完成,并经施工单位自检合格后	安全、路面、合同、测量专业监理工程师(具体人员为负责该标段改扩建工程施工相应监理工程师)
如:二标段 K25+369~K38+147 段(安全通道、保通、保畅实施)	安装完成,并经施工单位自检合格后	安全、路面、合同、测量专业监理工程师(具体人员为负责该标段改扩建工程施工相应监理工程师)

附 录

附录一 安全监理工作用表

安全监理工作用表由巡视记录、安全监理日志、停工令、安全隐患排查治理台账等组成，详见附表1-1至附表1-15。

附表1-1 危险性较大的分部分项工程施工前安全生产条件核查表

危险性较大的分部分项工程施工前安全生产条件核查表

项目名称：　　　　　　　　施工合同段：　　　　　　　　危险性较大的分部分项工程名称：

序号	安全生产条件核查内容	需附资料	评判标准	核查结论（符合、基本符合、不符合）	存在问题说明（可另附页）
1	按规定开展专项风险评估工作，编制专项风险评估报告，制定重大风险管控方案	附专项评估报告及风险管控方案	符合：按规定开展了专项风险评估，编制了评估报告、评估程序规范、评估深度符合实际，制定了重大风险管控方案，管控措施合理。基本符合：按规定开展了重大风险评估，编制了评估报告，但评估深度不足，风险防控措施欠合理，评估程序合理。不符合：未按规定开展或评估结论与实际不符或出现误判，或无重大风险管控方案，或风险管控措施无针对性		

— 84 —

续表

序号	安全生产条件核查内容	需附资料	评判标准	核查结论(符合、基本符合、不符合)	存在问题说明（可另附页）
2	按规定编制专项施工方案，附具安全验算结果，附具安全验算结果，经施工单位技术负责人、监理工程师签字实施，审查的专家论证，审查意见、审查论证，专项施工方案应附专家论证、审查意见	附专项施工方案，施工单位技术负责人、监理工程师审查意见和专家论证、审查意见	符合：按规定编制了专项施工方案，附具安全验算结果，附具安全验算结果，按程序履行了签字确认手续；超过一定规模的危险性较大工程专项施工方案组织了专家论证，附具专家审查意见。 基本符合：按规定编制了专项施工方案，附具安全验算结果，但确认程序后重新发布，或未按专项风险评估结论修改完善专项施工方案。 不符合：未按规定编制专项施工方案，或超过一定规模的危险性较大工程未编制专项施工方案，或未组织专家论证		

续表

序号	安全生产条件核查内容	需附资料	评判标准	核查结论（符合、基本符合、不符合）	存在问题说明（可另附页）
3	施工单位按规定对从业人员进行安全生产教育、培训和技术交底；特种作业人员按规定取得相应作业资格	附教育培训档案、技术交底记录和资格证书复印件	符合：施工单位按规定对从业人员进行了全员安全教育培训目考核合格，培训内容符合岗位从业要求，培训学时符合相关规定；分工种、工序组织了安全技术交底；特种作业人员按规定取得相应作业资格。基本符合：施工单位按规定对从业人员进行了全员安全教育培训，但教育培训内容缺乏针对性；安全技术交底未分工种、工序组织，或教育培训和技术交底的台账不健全；或未建立特种作业人员台账。不符合：施工单位按规定培训但仍存在未经教育培训考核上岗从业情形，或未组织安全生产教育培训，未组织安全技术交底，特种作业人员未按规定取得作业资格		

续表

序号	安全生产条件核查内容	需附资料	评判标准	核查结论（符合、基本符合、不符合）	存在问题说明（可另附页）
4	施工机械、设备、机具以及安全防护用品、用具和配件等具有生产（制造）许可证、产品合格证或者法定检验检测合格证明，特种设备使用依法取得特种设备使用登记证书，建立特种设备安全技术档案，并将登记标志置于该特种设备的显著位置；组织有关单位进行验收，或者委托具有相应资质的检验检测机构对翻模（爬）、滑模、自行式架设设施，以及自行设计、组装或者改装的施工挂（吊）篮、移动模架等设施进行验收	附机械、设施、机具和安全防护用品的生产（制造）许可证、产品合格证或者法定检验检测合格证明复印件，特种设备使用登记证书复印件，自升式架设设施、翻模等自行设计、自行组装或者改装的设施等的验收材料	符合：各类施工机械、设施、机具及安全防护用品按规定取得生产（制造）许可证、产品合格证或法定检验检测合格证明，特种设备取得使用登记证书；各类专用设施设备通过了专项验收。 不符合：各类施工机械、设施、机具及安全防护用品未按规定取得相应的证书或检测合格证明，各类专用设施设备未按规定组织专项验收，或专项验收未通过，或验收手续不全，或无验收记录		

— 87 —

续表

序号	安全生产条件核查内容	需附资料	评判标准	核查结论（符合、基本符合、不符合）	存在问题说明（可另附页）
5	按规定编制合同段施工专项应急预案和现场应急处置方案，依法建立应急救援组织或者指定兼职的现场应急救援人员，具有一定专业能力的应急救援人员，配备必要的应急救援器材、设备和物资	附专项应急预案、现场应急处置方案、应急人员名单和应急物资、设备、器材等清单	符合：按规定编制了合同段施工专项应急预案和现场应急处置方案，建立了应急救援组织，明确了现场应急救援人员和技术专家，配备必要的救援器材、设备和物资；应急预案中的各项应急管理要素齐全，程序合理，资源充足，应急救援组织要素齐全，程序合理，资源充足，应急救援组织机制完备。 基本符合：按规定编制了合同段施工专项应急预案和现场处置方案，但是部分应急管理机制有待改进；或者现场处置方案覆盖面不足，内容深度不足，缺乏可操作性。 不符合：未按规定编制合同段施工专项应急预案和现场处置方案，或未明确现场应急救援组织和人员，未配备必要的应急救援器材、设备和物资		

续表

序号	安全生产条件核查内容	需附资料	评判标准	核查结论（符合、基本符合、不符合）	存在问题说明（可另附页）
6	劳务分包、专业分包等单位有符合法律法规的资质条件；施工单位与从业人员订立的劳动合同载明保障从业人员劳动安全、防止职业危害等事项	附相关分包企业的资质条件复印件、劳动合同复印件	符合：劳务、专业分包等单位符合相关法律法规的资质条件，施工单位与从业人员订立的劳动合同符合法律法规要求，载明了保障从业人员劳动安全、防止职业危害等事项。 基本符合：施工企业与从业人员订立的劳动合同中保障从业人员劳动安全、防止职业危害的事项有漏项，待改进。 不符合：存在转包或违规分包情形，或劳务分包等单位不符合法律法规的资质条件，或技术实力，施工企业未按规定与从业人员订立劳动合同		

附 录

续表

序号	安全生产条件核查内容	需附资料	评判标准	核查结论（符合、基本符合、不符合）	存在问题说明（可另附页）
7	施工现场的办公、生活区与作业区分开设置，办公、生活区的选址应当符合安全性要求，施工单位根据企业规定组织了验收	附"三区"布局规划图和驻地验收材料	符合：施工现场的办公、生活区与作业区分开设置，选址符合安全性要求，项目部根据企业规定对办公、生活区组织了验收。 不符合：施工现场的办公、生活区与作业区未分开设置，或选址存在地质风险或安全隐患，项目部未根据企业规定对办公、生活区组织验收或验收发现存在问题未及时整改到位		
8	按规定办理跨线施工、交通管制及水上水下作业等相关手续	附相关手续材料	符合：按规定办理了相关手续。 基本符合：各项手续都按规定办理，但时间有所滞后，或者部分手续还在办理中。 不符合：各项手续未按规定办理		

— 90 —

续表

序号	安全生产条件核查内容	需附资料	评判标准	核查结论（符合、基本符合、不符合）	存在问题说明（可另附页）
9	从业单位应当依法参加工伤保险，为从业人员交纳保险费。为危险性较大的作业岗位人员购买意外伤害险	附相关保单复印件	符合：企业相对固定的职工按用人单位参加工伤保险，短期雇用的农民工按分项目参加工伤保险。危险性较大的作业岗位有意外伤害险。 基本符合：未按要求续保，或企业未支付保险费。 不符合：投保范围未覆盖全部从业人员，特别是新入场或转场的农民工没有工伤保险		
符合项		基本符合项	符合率＝（符合项/符合项＋基本符合项）＝		

注：1. 本表由监理单位负责核查，核查结果报建设单位确认。在前序的危险性较大的分部分项工程中的某项安全生产条件核查结论为"符合"的情况下，后序的危险性较大的分部分项工程分项工程划别同项目的安全生产条件无实质变化的，可不重复报验。

2. 危险性较大的分部分项工程可按照《公路工程施工安全技术规范》（JTG F90—2015）、《水运工程施工安全防护技术规范》（JTS 205-1—2008），同时参照住房城乡建设部《危险性较大的分部分项工程安全管理规定》（住房城乡建设部令第37号）等文件，结合工程实际予以明确。

监理单位（盖章）：

核查人（签名）：   核查日期：

附表1－2 巡视记录

_____ 工程项目

巡 视 记 录

编号：

施工单位		合同段	
巡视人		巡视时间	
巡视范围			
主要施工情况			
安全状况			
发现问题及处理情况			

附表1-3 安全监理日志

_____ 工程项目

安全监理日志

编号：

监理机构			
记录人		日期	
审核人		天气状况	
施工现场安全生产状况			
安全监理工作情况			
问题及处理情况			

附表1－4 安全教育培训活动记录表

安全教育培训活动记录表

项目名称：_____   编　　号：_____

监理单位：_____   监理合同段：_____

活动名称		活动时间	年　月　日
活动类别		参加对象	
活动地点		参加人数	
主讲人		记录人	
活动内容摘要：			
活动类别：高空坠落、触电、季节性、安全技术交底、安全监理细则交底等			

注明：1. 本表用于记录监理单位安全教育培训活动；

　　　2. 参加人员签名可用"安全会议（教育培训活动）签到单"作附件；

　　　3. 此表后附安全教育培训内容、签到单及影像资料。

附 录

附表1-5 工程事故隐患整改监理通知单

工程事故隐患整改监理通知单

项目名称：_____ 编　　号：_____

监理单位：_____ 监理合同段：_____

年　月　日监理办在对你标段　　　　　　工程　　　　　　进行安全检查时发现，工程存在下列事故隐患，请你部按通知要求进行整改： 1. 2. 3. 　　以上内容请你部于　　　年　月　日前将整改情况反馈监理办。 　　　　　　　安全专业监理工程师： 　　　　　　　总监理工程师（公章）： 　　　　　　　　　　　　　　日期：　　　　年　月　日		
附件材料		
签收人		签收日期　　　年　月　日

注：本表用于监理巡视检查中发现事故隐患要求施工单位限期整改时签发，表单一式三份，建设、监理、施工单位各存一份。

附表 1-6 工程事故隐患整改监理通知单（回复）

工程事故隐患整改监理通知单（回复）

项目名称：_____ 编　　号：_____

监理单位：_____ 监理合同段：_____

我部接到编号为_____的事故隐患整改监理通知单后，现已按要求完成了整改，具体整改情况如下：

1.
2.
3.

请予复查。

项目经理签名（公章）：

日期：　　年　　月　　日

监理复查意见：

安全监理：　　　　　　　　　　总监理工程师签名（公章）：

日期：　　年　　月　　日

注：本表用于施工单位书面回复监理单位工程事故隐患整改监理通知单整改情况，表单一式三份，建设、监理、施工单位各存一份。

附表1-7 监理指令单

_____ 工程项目

监理指令单

编号：

施工单位		合同段	
监理机构			
签发人		日期	年 月 日

致_____

（说明监理指令的依据、施工单位不符合规定的事实及整改要求等内容）

请于_____年___月___日前回复。

抄送：

签收人		日期	年 月 日

附表1-8 监理指令回复单

_____ 工程项目

监理指令回复单

编　号：_____

主　送	

回复内容（施工单位针对指令中提出的问题和要求，阐述问题原因、整改情况及预防措施等）：

　　　　　　项目经理（签字、公章）：　　　　　年　　月　　日

附件：整改过程及结果（工程照片、试验报告等）

监理单位复查意见	（针对指令中提出的问题逐条整改落实的复查情况描述） 　　　　　专业监理工程师：　　　　　　　　年　　月　　日 　　　　　总监理工程师（签字、公章）：　　　　年　　月　　日

附表1-9 停工令

_____ 工程项目

工程停工令

项目名称：_____　　　　编　　号：_____

监理单位：_____　　　　监理合同段：_____

停工依据：			
停工原因：			
停工范围：			
停工期限：			
停工后应进行如下处理：			
专业监理工程师 （签字、日期）		总监理工程师 （签字、公章、日期）	
交送日期	年 月 日 时	施工单位收到 （签字、日期）	
建设单位签收人		建设单位 签收日期	年 月 日 时
注：本表由专业监理工程师填写、总监理工程师审批后，送施工单位签收，并抄报建设单位			

附表1-10 工程复工申请

_____ 工程项目

工程复工申请

项目名称：_____　　　　　　编　　　号：_____
监理单位：_____　　　　　　监理合同段：_____

致_____监理办：
根据工程停工令要求，业已完成停工后处理工作，停工的影响因素已消除，并具备工程复工条件，现予上报，请予审核后批准复工。 附件：停工整改报告等 　　　　　　　　　　　　　　项目经理（签字、公章）：　　　年　月　日
专业监理工程师意见：   　　　　　　　　　　　　　　专业监理工程师：　　　　　　年　月　日
总监理工程师意见：   　　　　　　　　　　　　　　总监理工程师（签字、公章）：　　　年　月　日
建设单位意见：   　　　　　　　　　　　　　　（签字、公章）：　　　　　　　年　月　日
注：本表由施工单位填报、监理办核查、建设单位审批同意后由监理办签发工程复工令

附表1-11 工程复工令

_____ 工程项目

工程复工令

项目名称：_____　　　编　　号：_____

监理单位：_____　　　监理合同段：_____

复工依据：			
复工原因：			
复工范围：			
复工日期：		年　月　日　时	
复工后应做如下工作：			
专业监理工程师 （签字、日期）		总监理工程师 （签字、公章、日期）	
交送日期	年 月 日 时	施工单位收到 （签字、日期）	
建设单位签收人		建设单位 签收日期	年 月 日 时
注：本表由专业监理工程师填报、总监理工程师审批后，送施工单位签收，并抄报建设单位			

附表 1-12 湖北省公路水运重点工程监理专报

湖北省公路水运重点工程监理专报

填报单位：（公章）　　　　　　　　　　　　填报日期：　　年　月　日

项目名称	
监理合同段	
监理机构负责人	联系方式（手机）
所监理施工合同段及施工单位	施工合同段　　　　　　施工单位
报告事项内容	
监理机构或其他单位已经采取的措施	
监理机构意见	

注：可根据内容另附页。

填表人：　　　　　　　　　　　　　　联系电话：

附表 1-13 特种（设备）作业人员核查记录表

特种（设备）作业人员核查记录表

项目名称：_____　　编　　号：_____

监理单位：_____　　监理合同段：_____

施工单位						合同段		
工种	姓名	性别	年龄	证书编号	证书有效期	进场时间	退场时间	备注
监理审查意见	安全监理工程师：　　　　　　　　日期：　　　年　月　日							
	总监理工程师签名（公章）：　　　　日期：　　　年　月　日							

注：本表用于核查施工单位合同段特种作业人员、特种设备操作人员个人信息，登记的证件必须与其岗位对应并有效。

附表 1-14 危险性较大工程施工监理检查记录表

危险性较大工程施工监理检查记录表

项目名称：_____   编　　号：_____

监理单位：_____   监理合同段：_____

施工单位		合同段	
危险性较大工程名称		工程地点	

检查内容	检查情况描述
是否按批准的专项施工方案组织施工	
安全技术交底落实情况	
工程建设强制性标准（条文）执行情况	
危险部位安全警示标志及防护设施情况	
施工现场临时用电安全措施落实情况	
施工现场危险品使用安全措施落实情况	
机械设备定期检查、维修、保养情况	
特种作业人员持证上岗情况	
作业人员个人防护用品佩戴情况	
施工专职安全员到岗监督检查情况	
其他施工安全措施落实情况	
其他有关情况	
监理检查情况评价：	

安全监理工程师：　　　　　　　　　日期：　　　年　月　日

注：危大工程施工时专职安全管理人员应定期组织专项检查并做好记录。

附表1-15 安全隐患排查治理台账

安全隐患排查治理台账

监理单位： 时间：

序号	排查时间	隐患和问题	隐患所属标段	隐患类型		整改治理计划				整改期间防范措施			整改治理结果			较大事故隐患上报情况	备注
				一般	较大	整改措施	整改时间	整改资金	整改责任人	防范措施	责任人	复查时间	责任人	处理结果			

附录二 《中华人民共和国安全生产法》

为了加强安全生产工作，防止和减少生产安全事故，保障人民群众生命和财产安全，促进经济社会持续健康发展，制定《中华人民共和国安全生产法》。

中华人民共和国安全生产法

（2002年6月29日第九届全国人民代表大会常务委员会第二十八次会议通过 根据2009年8月27日第十一届全国人民代表大会常务委员会第十次会议《关于修改部分法律的决定》第一次修正 根据2014年8月31日第十二届全国人民代表大会常务委员会第十次会议《关于修改〈中华人民共和国安全生产法〉的决定》第二次修正 根据2021年6月10日第十三届全国人民代表大会常务委员会第二十九次会议《关于修改〈中华人民共和国安全生产法〉的决定》第三次修正）

目 录

第一章 总则

第二章 生产经营单位的安全生产保障

第三章 从业人员的安全生产权利义务

第四章 安全生产的监督管理

第五章 生产安全事故的应急救援与调查处理

第六章 法律责任

第七章 附则

第一章 总则

第一条 为了加强安全生产工作，防止和减少生产安全事故，保障人民群众生命和财产安全，促进经济社会持续健康发展，制定本法。

第二条 在中华人民共和国领域内从事生产经营活动的单位（以下统称生产经营单位）的安全生产，适用本法；有关法律、行政法规对消防安全和道路交通安全、铁路交通安全、水上交通安全、民用航空安全以及核与辐射安全、特种设备安全另有规定的，适用其规定。

第三条 安全生产工作坚持中国共产党的领导。

安全生产工作应当以人为本，坚持人民至上、生命至上，把保护人民生命安全摆在首位，树牢安全发展理念，坚持安全第一、预防为主、综合治理的方针，从源头上防范化解重大安全风险。

安全生产工作实行管行业必须管安全、管业务必须管安全、管生产经营必须管安全，强化和落实生产经营单位主体责任与政府监管责任，建立生产经营单位负责、职工参与、政府监管、行业自律和社会监督的机制。

第四条 生产经营单位必须遵守本法和其他有关安全生产的法律、法规，加强安全生产管理，建立健全全员安全生产责任制和安全生产规章制度，加大对安全生产资金、物资、技术、人员的投入保障力度，改善安全生产条件，加强安全生产标准化、信息化建设，构建安全风险分级管控和隐患排查治理双重预防机制，健全风险防范化解机制，提高安全生产水平，确保安全生产。

平台经济等新兴行业、领域的生产经营单位应当根据本行业、领域的特点，建立健全并落实全员安全生产责任制，加强从业人员安全生产教育和培训，履行本法和其他法律、法规规定的有关安全生产义务。

第五条 生产经营单位的主要负责人是本单位安全生产第一责任人，对本单位的安全生产工作全面负责。其他负责人对职责范围内的安全生产工作负责。

第六条 生产经营单位的从业人员有依法获得安全生产保障的权利，并应当依法履行安全生产方面的义务。

第七条 工会依法对安全生产工作进行监督。

生产经营单位的工会依法组织职工参加本单位安全生产工作的民主管理和民主监督，维护职工在安全生产方面的合法权益。生产经营单位制定或者修改有关安全生产的规章制度，应当听取工会的意见。

第八条 国务院和县级以上地方各级人民政府应当根据国民经济和社会发展规划制定安全生产规划，并组织实施。安全生产规划应当与国土空间规划等相关规划相衔接。

各级人民政府应当加强安全生产基础设施建设和安全生产监管能力建设，所需经费列入本级预算。

县级以上地方各级人民政府应当组织有关部门建立完善安全风险评估与论

证机制，按照安全风险管控要求，进行产业规划和空间布局，并对位置相邻、行业相近、业态相似的生产经营单位实施重大安全风险联防联控。

第九条　国务院和县级以上地方各级人民政府应当加强对安全生产工作的领导，建立健全安全生产工作协调机制，支持、督促各有关部门依法履行安全生产监督管理职责，及时协调、解决安全生产监督管理中存在的重大问题。

乡镇人民政府和街道办事处，以及开发区、工业园区、港区、风景区等应当明确负责安全生产监督管理的有关工作机构及其职责，加强安全生产监管力量建设，按照职责对本行政区域或者管理区域内生产经营单位安全生产状况进行监督检查，协助人民政府有关部门或者按照授权依法履行安全生产监督管理职责。

第十条　国务院应急管理部门依照本法，对全国安全生产工作实施综合监督管理；县级以上地方各级人民政府应急管理部门依照本法，对本行政区域内安全生产工作实施综合监督管理。

国务院交通运输、住房和城乡建设、水利、民航等有关部门依照本法和其他有关法律、行政法规的规定，在各自的职责范围内对有关行业、领域的安全生产工作实施监督管理；县级以上地方各级人民政府有关部门依照本法和其他有关法律、法规的规定，在各自的职责范围内对有关行业、领域的安全生产工作实施监督管理。对新兴行业、领域的安全生产监督管理职责不明确的，由县级以上地方各级人民政府按照业务相近的原则确定监督管理部门。

应急管理部门和对有关行业、领域的安全生产工作实施监督管理的部门，统称负有安全生产监督管理职责的部门。负有安全生产监督管理职责的部门应当相互配合、齐抓共管、信息共享、资源共用，依法加强安全生产监督管理工作。

第十一条　国务院有关部门应当按照保障安全生产的要求，依法及时制定有关的国家标准或者行业标准，并根据科技进步和经济发展适时修订。

生产经营单位必须执行依法制定的保障安全生产的国家标准或者行业标准。

第十二条　国务院有关部门按照职责分工负责安全生产强制性国家标准的项目提出、组织起草、征求意见、技术审查。国务院应急管理部门统筹提出安全生产强制性国家标准的立项计划。国务院标准化行政主管部门负责安全生产强制性国家标准的立项、编号、对外通报和授权批准发布工作。国务院标准化行政主管部门、有关部门依据法定职责对安全生产强制性国家标准的实施进行监督检查。

第十三条　各级人民政府及其有关部门应当采取多种形式，加强对有关安全生产的法律、法规和安全生产知识的宣传，增强全社会的安全生产意识。

第十四条　有关协会组织依照法律、行政法规和章程，为生产经营单位提供安全生产方面的信息、培训等服务，发挥自律作用，促进生产经营单位加强安全生产管理。

第十五条　依法设立的为安全生产提供技术、管理服务的机构，依照法律、行政法规和执业准则，接受生产经营单位的委托为其安全生产工作提供技术、管理服务。

生产经营单位委托前款规定的机构提供安全生产技术、管理服务的，保证安全生产的责任仍由本单位负责。

第十六条　国家实行生产安全事故责任追究制度，依照本法和有关法律、法规的规定，追究生产安全事故责任单位和责任人员的法律责任。

第十七条　县级以上各级人民政府应当组织负有安全生产监督管理职责的部门依法编制安全生产权力和责任清单，公开并接受社会监督。

第十八条　国家鼓励和支持安全生产科学技术研究和安全生产先进技术的推广应用，提高安全生产水平。

第十九条　国家对在改善安全生产条件、防止生产安全事故、参加抢险救护等方面取得显著成绩的单位和个人，给予奖励。

第二章　生产经营单位的安全生产保障

第二十条　生产经营单位应当具备本法和有关法律、行政法规和国家标准或者行业标准规定的安全生产条件；不具备安全生产条件的，不得从事生产经营活动。

第二十一条　生产经营单位的主要负责人对本单位安全生产工作负有下列职责：

（一）建立健全并落实本单位全员安全生产责任制，加强安全生产标准化建设；

（二）组织制定并实施本单位安全生产规章制度和操作规程；

（三）组织制订并实施本单位安全生产教育和培训计划；

（四）保证本单位安全生产投入的有效实施；

（五）组织建立并落实安全风险分级管控和隐患排查治理双重预防工作机制，督促、检查本单位的安全生产工作，及时消除生产安全事故隐患；

（六）组织制定并实施本单位的生产安全事故应急救援预案；

（七）及时、如实报告生产安全事故。

第二十二条 生产经营单位的全员安全生产责任制应当明确各岗位的责任人员、责任范围和考核标准等内容。

生产经营单位应当建立相应的机制，加强对全员安全生产责任制落实情况的监督考核，保证全员安全生产责任制的落实。

第二十三条 生产经营单位应当具备的安全生产条件所必需的资金投入，由生产经营单位的决策机构、主要负责人或者个人经营的投资人予以保证，并对由于安全生产所必需的资金投入不足导致的后果承担责任。

有关生产经营单位应当按照规定提取和使用安全生产费用，专门用于改善安全生产条件。安全生产费用在成本中据实列支。安全生产费用提取、使用和监督管理的具体办法由国务院财政部门会同国务院应急管理部门征求国务院有关部门意见后制定。

第二十四条 矿山、金属冶炼、建筑施工、运输单位和危险物品的生产、经营、储存、装卸单位，应当设置安全生产管理机构或者配备专职安全生产管理人员。

前款规定以外的其他生产经营单位，从业人员超过一百人的，应当设置安全生产管理机构或者配备专职安全生产管理人员；从业人员在一百人以下的，应当配备专职或者兼职的安全生产管理人员。

第二十五条 生产经营单位的安全生产管理机构以及安全生产管理人员履行下列职责：

（一）组织或者参与拟订本单位安全生产规章制度、操作规程和生产安全事故应急救援预案；

（二）组织或者参与本单位安全生产教育和培训，如实记录安全生产教育和培训情况；

（三）组织开展危险源辨识和评估，督促落实本单位重大危险源的安全管理措施；

（四）组织或者参与本单位应急救援演练；

（五）检查本单位的安全生产状况，及时排查生产安全事故隐患，提出改进安全生产管理的建议；

（六）制止和纠正违章指挥、强令冒险作业、违反操作规程的行为；

（七）督促落实本单位安全生产整改措施。

生产经营单位可以设置专职安全生产分管负责人，协助本单位主要负责人履行安全生产管理职责。

第二十六条　生产经营单位的安全生产管理机构以及安全生产管理人员应当恪尽职守，依法履行职责。

生产经营单位作出涉及安全生产的经营决策，应当听取安全生产管理机构以及安全生产管理人员的意见。

生产经营单位不得因安全生产管理人员依法履行职责而降低其工资、福利等待遇或者解除与其订立的劳动合同。

危险物品的生产、储存单位以及矿山、金属冶炼单位的安全生产管理人员的任免，应当告知主管的负有安全生产监督管理职责的部门。

第二十七条　生产经营单位的主要负责人和安全生产管理人员必须具备与本单位所从事的生产经营活动相应的安全生产知识和管理能力。

危险物品的生产、经营、储存、装卸单位以及矿山、金属冶炼、建筑施工、运输单位的主要负责人和安全生产管理人员，应当由主管的负有安全生产监督管理职责的部门对其安全生产知识和管理能力考核合格。考核不得收费。

危险物品的生产、储存、装卸单位以及矿山、金属冶炼单位应当有注册安全工程师从事安全生产管理工作。鼓励其他生产经营单位聘用注册安全工程师从事安全生产管理工作。注册安全工程师按专业分类管理，具体办法由国务院人力资源和社会保障部门、国务院应急管理部门会同国务院有关部门制定。

第二十八条　生产经营单位应当对从业人员进行安全生产教育和培训，保证从业人员具备必要的安全生产知识，熟悉有关的安全生产规章制度和安全操作规程，掌握本岗位的安全操作技能，了解事故应急处理措施，知悉自身在安全生产方面的权利和义务。未经安全生产教育和培训合格的从业人员，不得上岗作业。

生产经营单位使用被派遣劳动者的，应当将被派遣劳动者纳入本单位从业人员统一管理，对被派遣劳动者进行岗位安全操作规程和安全操作技能的教育和培训。劳务派遣单位应当对被派遣劳动者进行必要的安全生产教育和培训。

生产经营单位接收中等职业学校、高等学校学生实习的，应当对实习学生进行相应的安全生产教育和培训，提供必要的劳动防护用品。学校应当协助生产经营单位对实习学生进行安全生产教育和培训。

生产经营单位应当建立安全生产教育和培训档案，如实记录安全生产教育和培训的时间、内容、参加人员以及考核结果等情况。

第二十九条　生产经营单位采用新工艺、新技术、新材料或者使用新设备，必须了解、掌握其安全技术特性，采取有效的安全防护措施，并对从业人员进行专门的安全生产教育和培训。

第三十条　生产经营单位的特种作业人员必须按照国家有关规定经专门的安全作业培训，取得相应资格，方可上岗作业。

特种作业人员的范围由国务院应急管理部门会同国务院有关部门确定。

第三十一条　生产经营单位新建、改建、扩建工程项目（以下统称建设项目）的安全设施，必须与主体工程同时设计、同时施工、同时投入生产和使用。安全设施投资应当纳入建设项目概算。

第三十二条　矿山、金属冶炼建设项目和用于生产、储存、装卸危险物品的建设项目，应当按照国家有关规定进行安全评价。

第三十三条　建设项目安全设施的设计人、设计单位应当对安全设施设计负责。

矿山、金属冶炼建设项目和用于生产、储存、装卸危险物品的建设项目的安全设施设计应当按照国家有关规定报经有关部门审查，审查部门及其负责审查的人员对审查结果负责。

第三十四条　矿山、金属冶炼建设项目和用于生产、储存、装卸危险物品的建设项目的施工单位必须按照批准的安全设施设计施工，并对安全设施的工程质量负责。

矿山、金属冶炼建设项目和用于生产、储存、装卸危险物品的建设项目竣工投入生产或者使用前，应当由建设单位负责组织对安全设施进行验收；验收合格后，方可投入生产和使用。负有安全生产监督管理职责的部门应当加强对建设单位验收活动和验收结果的监督核查。

第三十五条 生产经营单位应当在有较大危险因素的生产经营场所和有关设施、设备上，设置明显的安全警示标志。

第三十六条 安全设备的设计、制造、安装、使用、检测、维修、改造和报废，应当符合国家标准或者行业标准。

生产经营单位必须对安全设备进行经常性维护、保养，并定期检测，保证正常运转。维护、保养、检测应当做好记录，并由有关人员签字。

生产经营单位不得关闭、破坏直接关系生产安全的监控、报警、防护、救生设备、设施，或者篡改、隐瞒、销毁其相关数据、信息。

餐饮等行业的生产经营单位使用燃气的，应当安装可燃气体报警装置，并保障其正常使用。

第三十七条 生产经营单位使用的危险物品的容器、运输工具，以及涉及人身安全、危险性较大的海洋石油开采特种设备和矿山井下特种设备，必须按照国家有关规定，由专业生产单位生产，并经具有专业资质的检测、检验机构检测、检验合格，取得安全使用证或者安全标志，方可投入使用。检测、检验机构对检测、检验结果负责。

第三十八条 国家对严重危及生产安全的工艺、设备实行淘汰制度，具体目录由国务院应急管理部门会同国务院有关部门制定并公布。法律、行政法规对目录的制定另有规定的，适用其规定。

省、自治区、直辖市人民政府可以根据本地区实际情况制定并公布具体目录，对前款规定以外的危及生产安全的工艺、设备予以淘汰。

生产经营单位不得使用应当淘汰的危及生产安全的工艺、设备。

第三十九条 生产、经营、运输、储存、使用危险物品或者处置废弃危险物品的，由有关主管部门依照有关法律、法规的规定和国家标准或者行业标准审批并实施监督管理。

生产经营单位生产、经营、运输、储存、使用危险物品或者处置废弃危险物品，必须执行有关法律、法规和国家标准或者行业标准，建立专门的安全管理制度，采取可靠的安全措施，接受有关主管部门依法实施的监督管理。

第四十条 生产经营单位对重大危险源应当登记建档，进行定期检测、评估、监控，并制定应急预案，告知从业人员和相关人员在紧急情况下应当采取的应急措施。

生产经营单位应当按照国家有关规定将本单位重大危险源及有关安全措施、应急措施报有关地方人民政府应急管理部门和有关部门备案。有关地方人民政府应急管理部门和有关部门应当通过相关信息系统实现信息共享。

第四十一条 生产经营单位应当建立安全风险分级管控制度，按照安全风险分级采取相应的管控措施。

生产经营单位应当建立健全并落实生产安全事故隐患排查治理制度，采取技术、管理措施，及时发现并消除事故隐患。事故隐患排查治理情况应当如实记录，并通过职工大会或者职工代表大会、信息公示栏等方式向从业人员通报。其中，重大事故隐患排查治理情况应当及时向负有安全生产监督管理职责的部门和职工大会或者职工代表大会报告。

县级以上地方各级人民政府负有安全生产监督管理职责的部门应当将重大事故隐患纳入相关信息系统，建立健全重大事故隐患治理督办制度，督促生产经营单位消除重大事故隐患。

第四十二条 生产、经营、储存、使用危险物品的车间、商店、仓库不得与员工宿舍在同一座建筑物内，并应当与员工宿舍保持安全距离。

生产经营场所和员工宿舍应当设有符合紧急疏散要求、标志明显、保持畅通的出口、疏散通道。禁止占用、锁闭、封堵生产经营场所或者员工宿舍的出口、疏散通道。

第四十三条 生产经营单位进行爆破、吊装、动火、临时用电以及国务院应急管理部门会同国务院有关部门规定的其他危险作业，应当安排专门人员进行现场安全管理，确保操作规程的遵守和安全措施的落实。

第四十四条 生产经营单位应当教育和督促从业人员严格执行本单位的安全生产规章制度和安全操作规程；并向从业人员如实告知作业场所和工作岗位存在的危险因素、防范措施以及事故应急措施。

生产经营单位应当关注从业人员的身体、心理状况和行为习惯，加强对从业人员的心理疏导、精神慰藉，严格落实岗位安全生产责任，防范从业人员行为异常导致事故发生。

第四十五条 生产经营单位必须为从业人员提供符合国家标准或者行业标准的劳动防护用品，并监督、教育从业人员按照使用规则佩戴、使用。

第四十六条　生产经营单位的安全生产管理人员应当根据本单位的生产经营特点，对安全生产状况进行经常性检查；对检查中发现的安全问题，应当立即处理；不能处理的，应当及时报告本单位有关负责人，有关负责人应当及时处理。检查及处理情况应当如实记录在案。

生产经营单位的安全生产管理人员在检查中发现重大事故隐患，依照前款规定向本单位有关负责人报告，有关负责人不及时处理的，安全生产管理人员可以向主管的负有安全生产监督管理职责的部门报告，接到报告的部门应当依法及时处理。

第四十七条　生产经营单位应当安排用于配备劳动防护用品、进行安全生产培训的经费。

第四十八条　两个以上生产经营单位在同一作业区域内进行生产经营活动，可能危及对方生产安全的，应当签订安全生产管理协议，明确各自的安全生产管理职责和应当采取的安全措施，并指定专职安全生产管理人员进行安全检查与协调。

第四十九条　生产经营单位不得将生产经营项目、场所、设备发包或者出租给不具备安全生产条件或者相应资质的单位或者个人。

生产经营项目、场所发包或者出租给其他单位的，生产经营单位应当与承包单位、承租单位签订专门的安全生产管理协议，或者在承包合同、租赁合同中约定各自的安全生产管理职责；生产经营单位对承包单位、承租单位的安全生产工作统一协调、管理，定期进行安全检查，发现安全问题的，应当及时督促整改。

矿山、金属冶炼建设项目和用于生产、储存、装卸危险物品的建设项目的施工单位应当加强对施工项目的安全管理，不得倒卖、出租、出借、挂靠或者以其他形式非法转让施工资质，不得将其承包的全部建设工程转包给第三人或者将其承包的全部建设工程肢解以后以分包的名义分别转包给第三人，不得将工程分包给不具备相应资质条件的单位。

第五十条　生产经营单位发生生产安全事故时，单位的主要负责人应当立即组织抢救，并不得在事故调查处理期间擅离职守。

第五十一条　生产经营单位必须依法参加工伤保险，为从业人员缴纳保险费。

国家鼓励生产经营单位投保安全生产责任保险；属于国家规定的高危行业、领域的生产经营单位，应当投保安全生产责任保险。具体范围和实施办法由国务院应急管理部门会同国务院财政部门、国务院保险监督管理机构和相关行业主管部门制定。

第三章 从业人员的安全生产权利义务

第五十二条 生产经营单位与从业人员订立的劳动合同，应当载明有关保障从业人员劳动安全、防止职业危害的事项，以及依法为从业人员办理工伤保险的事项。

生产经营单位不得以任何形式与从业人员订立协议，免除或者减轻其对从业人员因生产安全事故伤亡依法应承担的责任。

第五十三条 生产经营单位的从业人员有权了解其作业场所和工作岗位存在的危险因素、防范措施及事故应急措施，有权对本单位的安全生产工作提出建议。

第五十四条 从业人员有权对本单位安全生产工作中存在的问题提出批评、检举、控告；有权拒绝违章指挥和强令冒险作业。

生产经营单位不得因从业人员对本单位安全生产工作提出批评、检举、控告或者拒绝违章指挥、强令冒险作业而降低其工资、福利等待遇或者解除与其订立的劳动合同。

第五十五条 从业人员发现直接危及人身安全的紧急情况时，有权停止作业或者在采取可能的应急措施后撤离作业场所。

生产经营单位不得因从业人员在前款紧急情况下停止作业或者采取紧急撤离措施而降低其工资、福利等待遇或者解除与其订立的劳动合同。

第五十六条 生产经营单位发生生产安全事故后，应当及时采取措施救治有关人员。

因生产安全事故受到损害的从业人员，除依法享有工伤保险外，依照有关民事法律尚有获得赔偿的权利的，有权提出赔偿要求。

第五十七条 从业人员在作业过程中，应当严格落实岗位安全责任，遵守本单位的安全生产规章制度和操作规程，服从管理，正确佩戴和使用劳动防护用品。

第五十八条　从业人员应当接受安全生产教育和培训,掌握本职工作所需的安全生产知识,提高安全生产技能,增强事故预防和应急处理能力。

第五十九条　从业人员发现事故隐患或者其他不安全因素,应当立即向现场安全生产管理人员或者本单位负责人报告;接到报告的人员应当及时予以处理。

第六十条　工会有权对建设项目的安全设施与主体工程同时设计、同时施工、同时投入生产和使用进行监督,提出意见。

工会对生产经营单位违反安全生产法律、法规,侵犯从业人员合法权益的行为,有权要求纠正;发现生产经营单位违章指挥、强令冒险作业或者发现事故隐患时,有权提出解决的建议,生产经营单位应当及时研究答复;发现危及从业人员生命安全的情况时,有权向生产经营单位建议组织从业人员撤离危险场所,生产经营单位必须立即作出处理。

工会有权依法参加事故调查,向有关部门提出处理意见,并要求追究有关人员的责任。

第六十一条　生产经营单位使用被派遣劳动者的,被派遣劳动者享有本法规定的从业人员的权利,并应当履行本法规定的从业人员的义务。

第四章　安全生产的监督管理

第六十二条　县级以上地方各级人民政府应当根据本行政区域内的安全生产状况,组织有关部门按照职责分工,对本行政区域内容易发生重大生产安全事故的生产经营单位进行严格检查。

应急管理部门应当按照分类分级监督管理的要求,制订安全生产年度监督检查计划,并按照年度监督检查计划进行监督检查,发现事故隐患,应当及时处理。

第六十三条　负有安全生产监督管理职责的部门依照有关法律、法规的规定,对涉及安全生产的事项需要审查批准(包括批准、核准、许可、注册、认证、颁发证照等,下同)或者验收的,必须严格依照有关法律、法规和国家标准或者行业标准规定的安全生产条件和程序进行审查;不符合有关法律、法规和国家标准或者行业标准规定的安全生产条件的,不得批准或者验收通过。对未依法取得批准或者验收合格的单位擅自从事有关活动的,负责行政审批的部门发现或者接到举报后应当立即予以取缔，并依法予以处理。对已经依法取得批准的单位，负责行政审批的部门发现其不再具备安全生产条件的，应当撤销原批准。

第六十四条 负有安全生产监督管理职责的部门对涉及安全生产的事项进行审查、验收，不得收取费用；不得要求接受审查、验收的单位购买其指定品牌或者指定生产、销售单位的安全设备、器材或者其他产品。

第六十五条 应急管理部门和其他负有安全生产监督管理职责的部门依法开展安全生产行政执法工作，对生产经营单位执行有关安全生产的法律、法规和国家标准或者行业标准的情况进行监督检查，行使以下职权：

（一）进入生产经营单位进行检查，调阅有关资料，向有关单位和人员了解情况。

（二）对检查中发现的安全生产违法行为，当场予以纠正或者要求限期改正；对依法应当给予行政处罚的行为，依照本法和其他有关法律、行政法规的规定作出行政处罚决定。

（三）对检查中发现的事故隐患，应当责令立即排除；重大事故隐患排除前或者排除过程中无法保证安全的，应当责令从危险区域内撤出作业人员，责令暂时停产停业或者停止使用相关设施、设备；重大事故隐患排除后，经审查同意，方可恢复生产经营和使用。

（四）对有根据认为不符合保障安全生产的国家标准或者行业标准的设施、设备、器材以及违法生产、储存、使用、经营、运输的危险物品予以查封或者扣押，对违法生产、储存、使用、经营危险物品的作业场所予以查封，并依法作出处理决定。

监督检查不得影响被检查单位的正常生产经营活动。

第六十六条 生产经营单位对负有安全生产监督管理职责的部门的监督检查人员（以下统称安全生产监督检查人员）依法履行监督检查职责，应当予以配合，不得拒绝、阻挠。

第六十七条 安全生产监督检查人员应当忠于职守，坚持原则，秉公执法。

安全生产监督检查人员执行监督检查任务时，必须出示有效的行政执法证件；对涉及被检查单位的技术秘密和业务秘密，应当为其保密。

第六十八条 安全生产监督检查人员应当将检查的时间、地点、内容、发现的问题及其处理情况，作出书面记录，并由检查人员和被检查单位的负责人签字；被检查单位的负责人拒绝签字的，检查人员应当将情况记录在案，并向负有安全生产监督管理职责的部门报告。

第六十九条　负有安全生产监督管理职责的部门在监督检查中，应当互相配合，实行联合检查；确需分别进行检查的，应当互通情况，发现存在的安全问题应当由其他有关部门进行处理的，应当及时移送其他有关部门并形成记录备查，接受移送的部门应当及时进行处理。

第七十条　负有安全生产监督管理职责的部门依法对存在重大事故隐患的生产经营单位作出停产停业、停止施工、停止使用相关设施或者设备的决定，生产经营单位应当依法执行，及时消除事故隐患。生产经营单位拒不执行，有发生生产安全事故的现实危险的，在保证安全的前提下，经本部门主要负责人批准，负有安全生产监督管理职责的部门可以采取通知有关单位停止供电、停止供应民用爆炸物品等措施，强制生产经营单位履行决定。通知应当采用书面形式，有关单位应当予以配合。

负有安全生产监督管理职责的部门依照前款规定采取停止供电措施，除有危及生产安全的紧急情形外，应当提前二十四小时通知生产经营单位。生产经营单位依法履行行政决定、采取相应措施消除事故隐患的，负有安全生产监督管理职责的部门应当及时解除前款规定的措施。

第七十一条　监察机关依照监察法的规定，对负有安全生产监督管理职责的部门及其工作人员履行安全生产监督管理职责实施监察。

第七十二条　承担安全评价、认证、检测、检验职责的机构应当具备国家规定的资质条件，并对其作出的安全评价、认证、检测、检验结果的合法性、真实性负责。资质条件由国务院应急管理部门会同国务院有关部门制定。

承担安全评价、认证、检测、检验职责的机构应当建立并实施服务公开和报告公开制度，不得租借资质、挂靠、出具虚假报告。

第七十三条　负有安全生产监督管理职责的部门应当建立举报制度，公开举报电话、信箱或者电子邮件地址等网络举报平台，受理有关安全生产的举报；受理的举报事项经调查核实后，应当形成书面材料；需要落实整改措施的，报经有关负责人签字并督促落实。对不属于本部门职责，需要由其他有关部门进行调查处理的，转交其他有关部门处理。

涉及人员死亡的举报事项，应当由县级以上人民政府组织核查处理。

第七十四条 任何单位或者个人对事故隐患或者安全生产违法行为，均有权向负有安全生产监督管理职责的部门报告或者举报。

因安全生产违法行为造成重大事故隐患或者导致重大事故，致使国家利益或者社会公共利益受到侵害的，人民检察院可以根据民事诉讼法、行政诉讼法的相关规定提起公益诉讼。

第七十五条 居民委员会、村民委员会发现其所在区域内的生产经营单位存在事故隐患或者安全生产违法行为时，应当向当地人民政府或者有关部门报告。

第七十六条 县级以上各级人民政府及其有关部门对报告重大事故隐患或者举报安全生产违法行为的有功人员，给予奖励。具体奖励办法由国务院应急管理部门会同国务院财政部门制定。

第七十七条 新闻、出版、广播、电影、电视等单位有进行安全生产公益宣传教育的义务，有对违反安全生产法律、法规的行为进行舆论监督的权利。

第七十八条 负有安全生产监督管理职责的部门应当建立安全生产违法行为信息库，如实记录生产经营单位及其有关从业人员的安全生产违法行为信息；对违法行为情节严重的生产经营单位及其有关从业人员，应当及时向社会公告，并通报行业主管部门、投资主管部门、自然资源主管部门、生态环境主管部门、证券监督管理机构以及有关金融机构。有关部门和机构应当对存在失信行为的生产经营单位及其有关从业人员采取加大执法检查频次、暂停项目审批、上调有关保险费率、行业或者职业禁入等联合惩戒措施，并向社会公示。

负有安全生产监督管理职责的部门应当加强对生产经营单位行政处罚信息的及时归集、共享、应用和公开，对生产经营单位作出处罚决定后七个工作日内在监督管理部门公示系统予以公开曝光，强化对违法失信生产经营单位及其有关从业人员的社会监督，提高全社会安全生产诚信水平。

第五章 生产安全事故的应急救援与调查处理

第七十九条 国家加强生产安全事故应急能力建设，在重点行业、领域建立应急救援基地和应急救援队伍，并由国家安全生产应急救援机构统一协调指挥；鼓励生产经营单位和其他社会力量建立应急救援队伍，配备相应的应急救援装备和物资，提高应急救援的专业化水平。

国务院应急管理部门牵头建立全国统一的生产安全事故应急救援信息系统，国务院交通运输、住房和城乡建设、水利、民航等有关部门和县级以上地方人民政府建立健全相关行业、领域、地区的生产安全事故应急救援信息系统，实现互联互通、信息共享，通过推行网上安全信息采集、安全监管和监测预警，提升监管的精准化、智能化水平。

第八十条 县级以上地方各级人民政府应当组织有关部门制定本行政区域内生产安全事故应急救援预案，建立应急救援体系。

乡镇人民政府和街道办事处，以及开发区、工业园区、港区、风景区等应当制定相应的生产安全事故应急救援预案，协助人民政府有关部门或者按照授权依法履行生产安全事故应急救援工作职责。

第八十一条 生产经营单位应当制定本单位生产安全事故应急救援预案，与所在地县级以上地方人民政府组织制定的生产安全事故应急救援预案相衔接，并定期组织演练。

第八十二条 危险物品的生产、经营、储存单位以及矿山、金属冶炼、城市轨道交通运营、建筑施工单位应当建立应急救援组织；生产经营规模较小的，可以不建立应急救援组织，但应当指定兼职的应急救援人员。

危险物品的生产、经营、储存、运输单位以及矿山、金属冶炼、城市轨道交通运营、建筑施工单位应当配备必要的应急救援器材、设备和物资，并进行经常性维护、保养，保证正常运转。

第八十三条 生产经营单位发生生产安全事故后，事故现场有关人员应当立即报告本单位负责人。

单位负责人接到事故报告后，应当迅速采取有效措施，组织抢救，防止事故扩大，减少人员伤亡和财产损失，并按照国家有关规定立即如实报告当地负有安全生产监督管理职责的部门，不得隐瞒不报、谎报或者迟报，不得故意破坏事故现场、毁灭有关证据。

第八十四条 负有安全生产监督管理职责的部门接到事故报告后，应当立即按照国家有关规定上报事故情况。负有安全生产监督管理职责的部门和有关地方人民政府对事故情况不得隐瞒不报、谎报或者迟报。

第八十五条 有关地方人民政府和负有安全生产监督管理职责的部门的负

责人接到生产安全事故报告后，应当按照生产安全事故应急救援预案的要求立即赶到事故现场，组织事故抢救。

参与事故抢救的部门和单位应当服从统一指挥，加强协同联动，采取有效的应急救援措施，并根据事故救援的需要采取警戒、疏散等措施，防止事故扩大和次生灾害的发生，减少人员伤亡和财产损失。

事故抢救过程中应当采取必要措施，避免或者减少对环境造成的危害。

任何单位和个人都应当支持、配合事故抢救，并提供一切便利条件。

第八十六条 事故调查处理应当按照科学严谨、依法依规、实事求是、注重实效的原则，及时、准确地查清事故原因，查明事故性质和责任，评估应急处置工作，总结事故教训，提出整改措施，并对事故责任单位和人员提出处理建议。事故调查报告应当依法及时向社会公布。事故调查和处理的具体办法由国务院制定。

事故发生单位应当及时全面落实整改措施，负有安全生产监督管理职责的部门应当加强监督检查。

负责事故调查处理的国务院有关部门和地方人民政府应当在批复事故调查报告后一年内，组织有关部门对事故整改和防范措施落实情况进行评估，并及时向社会公开评估结果；对不履行职责导致事故整改和防范措施没有落实的有关单位和人员，应当按照有关规定追究责任。

第八十七条 生产经营单位发生生产安全事故，经调查确定为责任事故的，除了应当查明事故单位的责任并依法予以追究外，还应当查明对安全生产的有关事项负有审查批准和监督职责的行政部门的责任，对有失职、渎职行为的，依照本法第九十条的规定追究法律责任。

第八十八条 任何单位和个人不得阻挠和干涉对事故的依法调查处理。

第八十九条 县级以上地方各级人民政府应急管理部门应当定期统计分析本行政区域内发生生产安全事故的情况，并定期向社会公布。

第六章 法律责任

第九十条 负有安全生产监督管理职责的部门的工作人员，有下列行为之一的，给予降级或者撤职的处分；构成犯罪的，依照刑法有关规定追究刑事责任：

（一）对不符合法定安全生产条件的涉及安全生产的事项予以批准或者验收通过的；

（二）发现未依法取得批准、验收的单位擅自从事有关活动或者接到举报后不予取缔或者不依法予以处理的；

（三）对已经依法取得批准的单位不履行监督管理职责，发现其不再具备安全生产条件而不撤销原批准或者发现安全生产违法行为不予查处的；

（四）在监督检查中发现重大事故隐患，不依法及时处理的。

负有安全生产监督管理职责的部门的工作人员有前款规定以外的滥用职权、玩忽职守、徇私舞弊行为的，依法给予处分；构成犯罪的，依照刑法有关规定追究刑事责任。

第九十一条　负有安全生产监督管理职责的部门，要求被审查、验收的单位购买其指定的安全设备、器材或者其他产品的，在对安全生产事项的审查、验收中收取费用的，由其上级机关或者监察机关责令改正，责令退还收取的费用；情节严重的，对直接负责的主管人员和其他直接责任人员依法给予处分。

第九十二条　承担安全评价、认证、检测、检验职责的机构出具失实报告的，责令停业整顿，并处三万元以上十万元以下的罚款；给他人造成损害的，依法承担赔偿责任。

承担安全评价、认证、检测、检验职责的机构租借资质、挂靠、出具虚假报告的，没收违法所得；违法所得在十万元以上的，并处违法所得二倍以上五倍以下的罚款，没有违法所得或者违法所得不足十万元的，单处或者并处十万元以上二十万元以下的罚款；对其直接负责的主管人员和其他直接责任人员处五万元以上十万元以下的罚款；给他人造成损害的，与生产经营单位承担连带赔偿责任；构成犯罪的，依照刑法有关规定追究刑事责任。

对有前款违法行为的机构及其直接责任人员，吊销其相应资质和资格，五年内不得从事安全评价、认证、检测、检验等工作；情节严重的，实行终身行业和职业禁入。

第九十三条　生产经营单位的决策机构、主要负责人或者个人经营的投资人不依照本法规定保证安全生产所必需的资金投入，致使生产经营单位不具备安全生产条件的，责令限期改正，提供必需的资金；逾期未改正的，责令生产经营单位停产停业整顿。

有前款违法行为,导致发生生产安全事故的,对生产经营单位的主要负责人给予撤职处分,对个人经营的投资人处二万元以上二十万元以下的罚款;构成犯罪的,依照刑法有关规定追究刑事责任。

第九十四条 生产经营单位的主要负责人未履行本法规定的安全生产管理职责的,责令限期改正,处二万元以上五万元以下的罚款;逾期未改正的,处五万元以上十万元以下的罚款,责令生产经营单位停产停业整顿。

生产经营单位的主要负责人有前款违法行为,导致发生生产安全事故的,给予撤职处分;构成犯罪的,依照刑法有关规定追究刑事责任。

生产经营单位的主要负责人依照前款规定受刑事处罚或者撤职处分的,自刑罚执行完毕或者受处分之日起,五年内不得担任任何生产经营单位的主要负责人;对重大、特别重大生产安全事故负有责任的,终身不得担任本行业生产经营单位的主要负责人。

第九十五条 生产经营单位的主要负责人未履行本法规定的安全生产管理职责,导致发生生产安全事故的,由应急管理部门依照下列规定处以罚款:

(一)发生一般事故的,处上一年年收入百分之四十的罚款;

(二)发生较大事故的,处上一年年收入百分之六十的罚款;

(三)发生重大事故的,处上一年年收入百分之八十的罚款;

(四)发生特别重大事故的,处上一年年收入百分之一百的罚款。

第九十六条 生产经营单位的其他负责人和安全生产管理人员未履行本法规定的安全生产管理职责的,责令限期改正,处一万元以上三万元以下的罚款;导致发生生产安全事故的,暂停或者吊销其与安全生产有关的资格,并处上一年年收入百分之二十以上百分之五十以下的罚款;构成犯罪的,依照刑法有关规定追究刑事责任。

第九十七条 生产经营单位有下列行为之一的,责令限期改正,处十万元以下的罚款;逾期未改正的,责令停产停业整顿,并处十万元以上二十万元以下的罚款,对其直接负责的主管人员和其他直接责任人员处二万元以上五万元以下的罚款:

(一)未按照规定设置安全生产管理机构或者配备安全生产管理人员、注册安全工程师的;

(二)危险物品的生产、经营、储存、装卸单位以及矿山、金属冶炼、建筑施工、运输单位的主要负责人和安全生产管理人员未按照规定经考核合格的；

（三）未按照规定对从业人员、被派遣劳动者、实习学生进行安全生产教育和培训，或者未按照规定如实告知有关的安全生产事项的；

（四）未如实记录安全生产教育和培训情况的；

（五）未将事故隐患排查治理情况如实记录或者未向从业人员通报的；

（六）未按照规定制定生产安全事故应急救援预案或者未定期组织演练的；

（七）特种作业人员未按照规定经专门的安全作业培训并取得相应资格，上岗作业的。

第九十八条 生产经营单位有下列行为之一的，责令停止建设或者停产停业整顿，限期改正，并处十万元以上五十万元以下的罚款，对其直接负责的主管人员和其他直接责任人员处二万元以上五万元以下的罚款；逾期未改正的，处五十万元以上一百万元以下的罚款，对其直接负责的主管人员和其他直接责任人员处五万元以上十万元以下的罚款；构成犯罪的，依照刑法有关规定追究刑事责任：

（一）未按照规定对矿山、金属冶炼建设项目或者用于生产、储存、装卸危险物品的建设项目进行安全评价的；

（二）矿山、金属冶炼建设项目或者用于生产、储存、装卸危险物品的建设项目没有安全设施设计或者安全设施设计未按照规定报经有关部门审查同意的；

（三）矿山、金属冶炼建设项目或者用于生产、储存、装卸危险物品的建设项目的施工单位未按照批准的安全设施设计施工的；

（四）矿山、金属冶炼建设项目或者用于生产、储存、装卸危险物品的建设项目竣工投入生产或者使用前，安全设施未经验收合格的。

第九十九条 生产经营单位有下列行为之一的，责令限期改正，处五万元以下的罚款；逾期未改正的，处五万元以上二十万元以下的罚款，对其直接负责的主管人员和其他直接责任人员处一万元以上二万元以下的罚款；情节严重的，责令停产停业整顿；构成犯罪的，依照刑法有关规定追究刑事责任：

（一）未在有较大危险因素的生产经营场所和有关设施、设备上设置明显的安全警示标志的；

（二）安全设备的安装、使用、检测、改造和报废不符合国家标准或者行业标准的；

（三）未对安全设备进行经常性维护、保养和定期检测的；

（四）关闭、破坏直接关系生产安全的监控、报警、防护、救生设备、设施，或者篡改、隐瞒、销毁其相关数据、信息的；

（五）未为从业人员提供符合国家标准或者行业标准的劳动防护用品的；

（六）危险物品的容器、运输工具，以及涉及人身安全、危险性较大的海洋石油开采特种设备和矿山井下特种设备未经具有专业资质的机构检测、检验合格，取得安全使用证或者安全标志，投入使用的；

（七）使用应当淘汰的危及生产安全的工艺、设备的；

（八）餐饮等行业的生产经营单位使用燃气未安装可燃气体报警装置的。

第一百条 未经依法批准，擅自生产、经营、运输、储存、使用危险物品或者处置废弃危险物品的，依照有关危险物品安全管理的法律、行政法规的规定予以处罚；构成犯罪的，依照刑法有关规定追究刑事责任。

第一百零一条 生产经营单位有下列行为之一的，责令限期改正，处十万元以下的罚款；逾期未改正的，责令停产停业整顿，并处十万元以上二十万元以下的罚款，对其直接负责的主管人员和其他直接责任人员处二万元以上五万元以下的罚款；构成犯罪的，依照刑法有关规定追究刑事责任：

（一）生产、经营、运输、储存、使用危险物品或者处置废弃危险物品，未建立专门安全管理制度、未采取可靠的安全措施的；

（二）对重大危险源未登记建档，未进行定期检测、评估、监控，未制定应急预案，或者未告知应急措施的；

（三）进行爆破、吊装、动火、临时用电以及国务院应急管理部门会同国务院有关部门规定的其他危险作业，未安排专门人员进行现场安全管理的；

（四）未建立安全风险分级管控制度或者未按照安全风险分级采取相应管控措施的；

（五）未建立事故隐患排查治理制度，或者重大事故隐患排查治理情况未按照规定报告的。

第一百零二条 生产经营单位未采取措施消除事故隐患的，责令立即消除或者限期消除，处五万元以下的罚款；生产经营单位拒不执行的，责令停产停业整顿，对其直接负责的主管人员和其他直接责任人员处五万元以上十万元以下的罚款；构成犯罪的，依照刑法有关规定追究刑事责任。

第一百零三条　生产经营单位将生产经营项目、场所、设备发包或者出租给不具备安全生产条件或者相应资质的单位或者个人的，责令限期改正，没收违法所得；违法所得十万元以上的，并处违法所得二倍以上五倍以下的罚款；没有违法所得或者违法所得不足十万元的，单处或者并处十万元以上二十万元以下的罚款；对其直接负责的主管人员和其他直接责任人员处一万元以上二万元以下的罚款；导致发生生产安全事故给他人造成损害的，与承包方、承租方承担连带赔偿责任。

生产经营单位未与承包单位、承租单位签订专门的安全生产管理协议或者未在承包合同、租赁合同中明确各自的安全生产管理职责，或者未对承包单位、承租单位的安全生产统一协调、管理的，责令限期改正，处五万元以下的罚款，对其直接负责的主管人员和其他直接责任人员处一万元以下的罚款；逾期未改正的，责令停产停业整顿。

矿山、金属冶炼建设项目和用于生产、储存、装卸危险物品的建设项目的施工单位未按照规定对施工项目进行安全管理的，责令限期改正，处十万元以下的罚款，对其直接负责的主管人员和其他直接责任人员处二万元以下的罚款；逾期未改正的，责令停产停业整顿。以上施工单位倒卖、出租、出借、挂靠或者以其他形式非法转让施工资质的，责令停产停业整顿，吊销资质证书，没收违法所得；违法所得十万元以上的，并处违法所得二倍以上五倍以下的罚款，没有违法所得或者违法所得不足十万元的，单处或者并处十万元以上二十万元以下的罚款；对其直接负责的主管人员和其他直接责任人员处五万元以上十万元以下的罚款；构成犯罪的，依照刑法有关规定追究刑事责任。

第一百零四条　两个以上生产经营单位在同一作业区域内进行可能危及对方安全生产的生产经营活动，未签订安全生产管理协议或者未指定专职安全生产管理人员进行安全检查与协调的，责令限期改正，处五万元以下的罚款，对其直接负责的主管人员和其他直接责任人员处一万元以下的罚款；逾期未改正的，责令停产停业。

第一百零五条　生产经营单位有下列行为之一的，责令限期改正，处五万元以下的罚款，对其直接负责的主管人员和其他直接责任人员处一万元以下的罚款；逾期未改正的，责令停产停业整顿；构成犯罪的，依照刑法有关规定追究刑事责任：

（一）生产、经营、储存、使用危险物品的车间、商店、仓库与员工宿舍在同一座建筑内，或者与员工宿舍的距离不符合安全要求的；

（二）生产经营场所和员工宿舍未设有符合紧急疏散需要、标志明显、保持畅通的出口、疏散通道，或者占用、锁闭、封堵生产经营场所或者员工宿舍出口、疏散通道的。

第一百零六条　生产经营单位与从业人员订立协议，免除或者减轻其对从业人员因生产安全事故伤亡依法应承担的责任的，该协议无效；对生产经营单位的主要负责人、个人经营的投资人处二万元以上十万元以下的罚款。

第一百零七条　生产经营单位的从业人员不落实岗位安全责任，不服从管理，违反安全生产规章制度或者操作规程的，由生产经营单位给予批评教育，依照有关规章制度给予处分；构成犯罪的，依照刑法有关规定追究刑事责任。

第一百零八条　违反本法规定，生产经营单位拒绝、阻碍负有安全生产监督管理职责的部门依法实施监督检查的，责令改正；拒不改正的，处二万元以上二十万元以下的罚款；对其直接负责的主管人员和其他直接责任人员处一万元以上二万元以下的罚款；构成犯罪的，依照刑法有关规定追究刑事责任。

第一百零九条　高危行业、领域的生产经营单位未按照国家规定投保安全生产责任保险的，责令限期改正，处五万元以上十万元以下的罚款；逾期未改正的，处十万元以上二十万元以下的罚款。

第一百一十条　生产经营单位的主要负责人在本单位发生生产安全事故时，不立即组织抢救或者在事故调查处理期间擅离职守或者逃匿的，给予降级、撤职的处分，并由应急管理部门处上一年年收入百分之六十至百分之一百的罚款；对逃匿的处十五日以下拘留；构成犯罪的，依照刑法有关规定追究刑事责任。

生产经营单位的主要负责人对生产安全事故隐瞒不报、谎报或者迟报的，依照前款规定处罚。

第一百一十一条　有关地方人民政府、负有安全生产监督管理职责的部门，对生产安全事故隐瞒不报、谎报或者迟报的，对直接负责的主管人员和其他直接责任人员依法给予处分；构成犯罪的，依照刑法有关规定追究刑事责任。

第一百一十二条　生产经营单位违反本法规定，被责令改正且受到罚款处罚，拒不改正的，负有安全生产监督管理职责的部门可以自作出责令改正之日的次日起，按照原处罚数额按日连续处罚。

第一百一十三条　生产经营单位存在下列情形之一的，负有安全生产监督管理职责的部门应当提请地方人民政府予以关闭，有关部门应当依法吊销其有关证照。生产经营单位主要负责人五年内不得担任任何生产经营单位的主要负责人；情节严重的，终身不得担任本行业生产经营单位的主要负责人：

（一）存在重大事故隐患，一百八十日内三次或者一年内四次受到本法规定的行政处罚的；

（二）经停产停业整顿，仍不具备法律、行政法规和国家标准或者行业标准规定的安全生产条件的；

（三）不具备法律、行政法规和国家标准或者行业标准规定的安全生产条件，导致发生重大、特别重大生产安全事故的；

（四）拒不执行负有安全生产监督管理职责的部门作出的停产停业整顿决定的。

第一百一十四条　发生生产安全事故，对负有责任的生产经营单位除要求其依法承担相应的赔偿等责任外，由应急管理部门依照下列规定处以罚款：

（一）发生一般事故的，处三十万元以上一百万元以下的罚款；

（二）发生较大事故的，处一百万元以上二百万元以下的罚款；

（三）发生重大事故的，处二百万元以上一千万元以下的罚款；

（四）发生特别重大事故的，处一千万元以上二千万元以下的罚款。

发生生产安全事故，情节特别严重、影响特别恶劣的，应急管理部门可以按照前款罚款数额的二倍以上五倍以下对负有责任的生产经营单位处以罚款。

第一百一十五条　本法规定的行政处罚，由应急管理部门和其他负有安全生产监督管理职责的部门按照职责分工决定；其中，根据本法第九十五条、第一百一十条、第一百一十四条的规定应当给予民航、铁路、电力行业的生产经营单位及其主要负责人行政处罚的，也可以由主管的负有安全生产监督管理职责的部门进行处罚。予以关闭的行政处罚，由负有安全生产监督管理职责的部门报请县级以上人民政府按照国务院规定的权限决定；给予拘留的行政处罚，由公安机关依照治安管理处罚的规定决定。

第一百一十六条　生产经营单位发生生产安全事故造成人员伤亡、他人财产损失的，应当依法承担赔偿责任；拒不承担或者其负责人逃匿的，由人民法院依法强制执行。

生产安全事故的责任人未依法承担赔偿责任，经人民法院依法采取执行措施后，仍不能对受害人给予足额赔偿的，应当继续履行赔偿义务；受害人发现责任人有其他财产的，可以随时请求人民法院执行。

第七章 附则

第一百一十七条 本法下列用语的含义：

危险物品，是指易燃易爆物品、危险化学品、放射性物品等能够危及人身安全和财产安全的物品。

重大危险源，是指长期地或者临时地生产、搬运、使用或者储存危险物品，且危险物品的数量等于或者超过临界量的单元（包括场所和设施）。

第一百一十八条 本法规定的生产安全一般事故、较大事故、重大事故、特别重大事故的划分标准由国务院规定。

国务院应急管理部门和其他负有安全生产监督管理职责的部门应当根据各自的职责分工，制定相关行业、领域重大危险源的辨识标准和重大事故隐患的判定标准。

第一百一十九条 本法自 2002 年 11 月 1 日起施行。

附录三 《公路水运工程淘汰危及生产安全施工工艺、设备和材料目录》

本目录由交通运输部、应急管理部于 2020 年 10 月 30 日发布（交通运输部、应急管理部公告 2020 年第 89 号）。

交通运输部 应急管理部关于发布《公路水运工程淘汰危及生产安全施工工艺、设备和材料目录》的公告

为防范化解公路水运重大事故风险，推动相关行业淘汰落后工艺、设备和材料，提升本质安全生产水平，根据《中华人民共和国安全生产法》《公路水运工程安全生产监督管理办法》等法律法规，交通运输部会同应急管理部组织制定了《公路水运工程淘汰危及生产安全施工工艺、设备和材料目录》（以下简称《目录》），现予发布。

各公路水运工程从业单位要采取有力措施，在规定的实施期限后，全面停止使用本《目录》所列"禁止"类施工工艺、设备和材料，不得在限制的条件和范围内使用本《目录》所列"限制"类施工工艺、设备。负有安全生产监督管理职责的各级交通运输主管部门，依据《中华人民共和国安全生产法》有关规定，开展对本《目录》执行情况的监督检查工作。

特此公告。

交通运输部 应急管理部

2020 年 10 月 30 日

公路水运工程淘汰危及生产安全施工工艺、设备和材料目录

序号	编码	名称	简要描述	淘汰类型	限制条件和范围	可替代的施工工艺、设备、材料（供参考）	实施时间
一、通用（公路、水运）工程							
施工工艺							
1	1.1.1	卷扬机钢筋调直工艺	利用卷扬机拉直钢筋	禁止		普通钢筋调直机、数控钢筋调直切断机的钢筋调直工艺等	发布之日起六个月后实施
2	1.1.2	现场简易制作钢筋保护层垫块工艺	在施工现场采用拌制砂浆、通过切割成型等方法制作钢筋保护层垫块	禁止		专业化压制设备和标准模具生产垫块工艺等	发布之日起六个月后实施
3	1.1.3	空心板、箱型梁气囊内模工艺	用橡胶充气气囊作为空心板或箱型梁的内模	禁止		空心板、箱型梁预制刚性（钢质、PVC、高密度泡沫等）内模工艺等	发布之日起九个月后新开工项目实施
4	1.1.4	人工挖孔桩手摇井架出渣工艺	采用人工手摇井架吊装出渣	禁止		带防冲顶限位器、制动装置的卷扬机吊装出渣工艺等	发布之日起六个月后实施
5	1.1.5	基桩人工挖孔工艺	采用人工开挖进行基桩成孔	限制	存在下列条件之一的区域不得使用：1. 地下水丰富、孔内空气污染物超标准、软弱土层等不良地质条件的区域；2. 机械成孔设备可以到达的区域	冲击钻、回转钻、旋挖钻等机械成孔工艺	发布之日起九个月后新开工项目实施

附 录

续表

序号	编码	名称	简要描述	淘汰类型	限制条件和范围	可替代的施工工艺、设备、材料（供参考）	实施时间
6	1.1.6	"直接凿除法"桩头处理工艺	在未对桩头凿除边线采用割刀等工具进行预先切割处理的情况下，直接由人工采用风镐或其他工具凿除基桩桩头混凝土	限制	在下列工程项目中，均不得使用：1. 二级及以上公路工程；2. 独立大桥、特大桥；3. 水运工程	"预先切割法"桩头处理工艺、"机械凿除"整体桩头切割法"桩头处理工艺等	发布之日起六个月后实施
7	1.1.7	钢筋闪光对焊工艺	人工操作闪光对焊机进行钢筋焊接	限制	同时具备以下条件时不得使用：1. 在非固定的专业预制厂（场）内进行钢筋连接作业；2. 直径大于或等于22 mm的钢筋连接	套筒冷挤压连接、滚压直螺纹套筒连接等机械连接工艺	发布之日起六个月后实施
8	1.1.8	水泥稳定类基层、垫层拌合料"路拌法"施工工艺	采用人工辅以机械（如挖掘机）就地拌合水泥稳定混合料	限制	在下列工程项目中，均不得使用：1. 二级及以上公路工程；2. 大、中型水运工程	水泥稳定类拌合料"厂拌法"施工工艺等	发布之日起九个月后新开工项目实施
施工设备
9	1.2.1	竹（木）脚手架	采用竹（木）材料搭设的脚手架	禁止		承插型盘扣式钢管脚手架、扣件式非悬挑钢管脚手架等	发布之日起九个月后新开工项目实施

— 133 —

续表

序号	编码	名称	简要描述	淘汰类型	限制条件和范围	可替代的施工工艺、设备、材料（供参考）	实施时间
10	1.2.2	门式钢管满堂支撑架	采用门式钢管架搭设的满堂承重支撑架	禁止		承插型盘扣式钢管支撑架、钢管柱梁式支架、移动模架等	发布之日起九个月后新开工项目实施
11	1.2.3	扣件式钢管满堂支撑架、普通碗扣式钢管满堂支撑架（立杆材质为Q235级钢，或碗扣配件表面防腐处理采用涂刷防锈漆、冷镀锌）	采用扣件式钢管架搭设的满堂承重支撑架。采用普通碗扣式钢管搭设的满堂承重支撑架，普通碗扣式钢管架指的是具备以下任一条件的碗扣式钢管架：（1）立杆材质为Q235级钢（2）构配件表面采用冷镀锌防腐处理刷防锈漆或冷镀锌处理	限制	具有以下任一情况的混凝土模板支撑工程不得使用：1. 搭设高度5 m及以上；2. 搭设跨度10 m及以上；3. 施工总荷载（荷载效应基本组合的设计值，以下简称设计值）10 kN/m2及以上；4. 集中线荷载（设计值）15 kN/m及以上；5. 高度大于支撑水平投影宽度且相对独立无联系构件的混凝土模板支撑工程	Q355及以上等级材质并采用热浸镀锌表面处理工艺的碗扣式钢管脚手架、承插型盘扣式钢管支撑架、钢管柱梁扣式支架、移动模架等	发布之日起九个月后新开工项目实施
12	1.2.4	非数控预应力张拉设备	采用人工手动操作张拉油泵，从压力表读取张拉力，伸长量靠尺量测的张拉设备	限制	在下列工程项目预制场内进行后张法预应力构件施工时，均不得使用：1. 二级及以上公路工程；2. 独立大桥、特大桥；3. 大、中型水运工程	数控预应力张拉设备等	发布之日起九个月后新开工项目实施

续表

序号	编码	名称	简要描述	淘汰类型	限制条件和范围	可替代的施工工艺、设备、材料（供参考）	实施时间
13	1.2.5	非数控孔道压浆设备	采用人工手动操作进行孔道压浆的设备	限制	在下列工程项目预制场内进行张拉后压浆法预应力构件施工时，均不得使用：1. 二级及以上公路工程；2. 独立大桥、特大桥；3. 大、中型水运工程	数控压浆设备等	发布之日起九个月后新开工项目实施
14	1.2.6	单轴水泥搅拌桩施工机械	采用单轴单方向搅拌土体，喷浆下沉、上提成桩的施工机械	限制	在下列工程项目中，均不得使用：1. 二级及以上公路工程；2. 大、中型水运工程	双轴多向（双向及以上）水泥搅拌桩施工机械、三轴及以上水泥搅拌桩施工机械、三轴及以上智能数控打印型水泥搅拌桩施工机械等	发布之日起九个月后新开工项目实施
15	1.2.7	碘钨灯	施工工地用于照明等的碘钨灯	限制	不得用于建设工地的生产、办公、生活等区域的照明	节能灯，LED灯等	发布之日起六个月后实施
工程材料							
16	1.3.1	有碱速凝剂	氧化钠当量含量大于1.0%且小于生产厂控制值的速凝剂	禁止		溶液型液体无碱速凝剂，悬浮液型液体无碱速凝剂等	发布之日起九个月后新开工项目实施

二、施工工艺

公路工程

续表

序号	编码	名称	简要描述	淘汰类型	限制条件和范围	可替代的施工工艺、设备、材料（供参考）	实施时间
17	2.1.1	盖梁（系梁）无漏油保险装置的液压千斤顶卸落模板工艺	盖梁或系梁施工时底模采用无保险装置的液压千斤顶做支撑，通过液压千斤顶卸压脱模	禁止		砂筒、自锁式液压千斤顶等卸落模板工艺等	发布之日起六个月后实施
18	2.1.2	高墩滑模施工工艺	采用滑升模板进行墩柱施工，模板沿着（直接接触）刚成型的墩柱混凝土表面进行滑动、提升	限制	不同时具备以下条件时不得使用：1.专业施工班组（50%及以上施工人员）过类似工程；2.施工单位具有三个项目以上施工及管理经验	翻模、爬模施工工艺等	发布之日起九个月新开工项目实施
19	2.1.3	隧道初期支护混凝土"潮喷"工艺	将骨料预加少量水，使之呈潮湿状，再加水泥拌合后喷射粘接到岩石或其他材料表面	限制	非富水围岩地质条件下不得使用	隧道初期支护喷射混凝土台车、机械手湿喷工艺等	发布之日起九个月新开工项目实施
20	2.1.4	桥梁悬浇挂篮上部与底篮精轧螺纹钢点吊杆连接工艺	采用精轧螺纹钢作为吊点吊杆，将挂篮上部与底篮连接	限制	在下列任一条件下不得使用：1.上下钢结构直接连接（未穿过混凝土结构）；2.其他吊点连接：（1）前吊点连接；（2）与底篮连接未采用活动铰；（3）吊杆未设外保护套	挂篮锰钢吊带连接工艺等	发布之日起六个月实施

— 136 —

续表

序号	编码	名称	简要描述	淘汰类型	限制条件和范围	可替代的施工工艺、设备、材料（供参考）	实施时间
施工设备							
21	2.2.1	桥梁悬浇配重式挂篮设备	挂篮后锚处设置配重块平衡前方荷载，以防止挂篮倾覆	禁止		自锚式挂篮设备等	发布之日起九个月后新开工项目实施
三、水运工程							
施工工艺							
22	3.1.1	沉箱气囊直接移运下水工艺	沉箱下水浮运前，通过延伸至水中一定深度的斜坡道，用充气气囊在水中移运至沉箱移运到满足浮运的水深	禁止		起重船起吊、半潜驳或浮船坞下水、干浮船坞预制出坞、滑道下水工艺等	发布之日起九个月后新开工项目实施
23	3.1.2	沉箱、船闸闸墙混凝土木模板（普通胶合板）施工工艺	沉箱、船闸闸墙采用木模板（普通胶合板）浇筑混凝土	禁止		钢模、新型材料模板工艺等	发布之日起九个月后新开工项目实施
24	3.1.3	沉箱预制"填砂底模+气囊顶升"工艺	沉箱预制时采用钢框架内填砂形成底模，沉箱移运前用人工掏出（或高压水冲）型钢间的砂，穿入气囊顶升沉箱	限制	单个沉箱重量超过300吨时不得使用	自升降可移动钢结构底模工艺、预留混凝土沟槽的干斤顶（自锁式或机械式）顶升工艺等	发布之日起九个月后新开工项目实施

续表

序号	编码	名称	简要描述	淘汰类型	限制条件和范围	可替代的施工工艺、设备、材料（供参考）	实施时间
25	3.1.4	沉箱预制滑模施工工艺	采用滑升模板进行沉箱预制，模板沿着（直接接触）刚成型的混凝土表面滑动、提升	限制	不同时具备以下条件时不得使用：1. 正规或固定的沉箱预制场；2. 专业施工班组（50%及以上工人施工过类似工程）；3. 施工单位具有三个项目以上施工及管理经验	整体模板、大模板分层预制工艺等	发布之日起九个月后新开工项目实施
26	3.1.5	纳泥区围堰埋管和溢流堰式排水工艺	埋管式排水口工艺是指通过埋设不同标高的多组排水管，将堰内水直接排出的工艺；溢流堰式排水口工艺是指设置顶标高比围堰顶低的排水口，通过漫溢将堰内水直接排出	限制	在大、中型水运工程项目中均不得使用	设置防污帘的纳泥区薄壁堰式排水闸、闸管组合式排水工艺等	发布之日起六个月后实施
27	3.1.6	透水框架杆件组合焊接工艺	透水框架由多根杆件组合焊接而成	限制	在大、中型水运工程项目中均不得使用	透水框架一次整体成型工艺、透水框架非焊接式组合制作工艺等	发布之日起九个月后新开工项目实施
28	3.1.7	人工或挖掘机抛投透水框架施工工艺	采用人工或挖掘机逐个抛投透水框架	限制	在大、中型水运工程项目中均不得使用	透水框架群抛（一次性抛投不少于4个）工艺等	发布之日起六个月后实施

续表

序号	编码	名称	简要描述	淘汰类型	限制条件和范围	可替代的施工工艺、设备、材料（供参考）	实施时间
29	3.1.8	甲板驳双边抛枕施工工艺	采用甲板驳在船舶两侧同时进行抛枕施工	限制	在大、中型水运工程项目中均不得使用	滑枕施工工艺、专用抛枕船抛枕施工工艺等	发布之日起六个月后实施

备注：

（一）大、中型水运工程等级划分范围：
1. 港口工程：沿海1万吨级及以上，内河300吨级及以上；
2. 航道工程：沿海1万吨级及以上，内河航道等级Ⅴ级（300吨级）及以上；
3. 通航建筑：航道等级Ⅴ级（300吨级）及以上；
4. 防波堤、导流堤等水工工程

（二）可替代的工艺、设备、材料包括但不限于表格中所列名称

（三）《目录》中列出的工艺、设备、材料淘汰范围（禁止或限制使用），不包含除临时码头、临时围堰外的小型临时工程、养护工程

— 139 —

参考文献

[1] 中华人民共和国国务院. 中华人民共和国安全生产法 [EB/OL]. (2022-05-13) [2023-10-24]. http://www.mohrss.gov.cn/SYrlzyhshbzb/dongtaixinwen/shizhengyaowen/202205/t20220513_448176.html.

[2] 中华人民共和国全国人民代表大会常务委员会. 中华人民共和国消防法 [EB/OL]. (2022-11-02) [2023-10-24]. https://www.119.gov.cn/qmxfgk/flfg/2022/33039.shtml.

[3] 中华人民共和国国务院. 中华人民共和国特种设备安全法 [EB/OL]. (2013-06-30) [2023-10-24]. https://www.gov.cn/flfg/2013-06/30/content_2437160.htm.

[4] 中华人民共和国国务院. 中华人民共和国公路法 [EB/OL]. (2017-11-28) [2023-10-24]. http://www.npc.gov.cn/npc/c2/c30834/201905/t20190521_278501.html.

[5] 中华人民共和国全国人民代表大会常务委员会. 中华人民共和国建筑法 [EB/OL]. (2019-05-07) [2023-10-24]. http://www.npc.gov.cn/npc/c2/c30834/201906/t20190608_298044.html.

[6] 中华人民共和国全国人民代表大会常务委员会. 中华人民共和国突发事件应对法 [EB/OL]. (2007-08-30) [2023-10-24]. https://www.gov.cn/flfg/2007-08/30/content_732593.htm.

[7] 中华人民共和国国务院. 建设工程安全生产管理条例 [EB/OL]. (2008-03-28) [2023-10-24]. https://www.gov.cn/zhengce/content/2008-03/28/content_4443.htm.

[8] 中华人民共和国国务院. 危险化学品安全管理条例 [EB/OL]. (2011-03-11) [2023-10-24]. https://www.gov.cn/zhengce/201103/11/content_2602576.htm?from=groupmessage&isappinstalled=0.

[9] 中华人民共和国国务院. 特种设备安全监察条例 [EB/OL]. (2009-01-24) [2023-10-24]. https://www.samr.gov.cn/zw/zfxxgk/fdzdgknr/fgs/art/2023/art_39ccf49cb9924eb9a4c496d050f027cd.html.

[10] 中华人民共和国国务院. 生产安全事故应急条例 [EB/OL]. (2019-03-01) [2023-10-24]. https://www.mem.gov.cn/fw/flfgbz/201903/t20190301_231790.shtml.

[11] 中华人民共和国国务院. 生产安全事故报告和调查处理条例 [EB/OL]. (2007-04-19) [2023-10-24]. https://www.gov.cn/zwgk/2007-04/19/content_588577.htm.

[12] 中华人民共和国国务院. 公路水运工程安全生产监督管理办法 [EB/OL]. (2017-06-12) [2023-10-24]. https://www.gov.cn/gongbao/content/2017/content_5240095.htm.

[13] 应急管理部. 生产安全事故应急预案管理办法 [EB/OL]. (2019-07-11) [2023-10-24]. https://www.mem.gov.cn/gk/tzgg/bl/201907/t20190718_321228.shtml.

[14] 住房城乡建设部. 危险性较大的分部分项工程安全管理规定 [EB/OL]. (2018-03-08) [2023-10-24]. https://www.gov.cn/gongbao/content/2018/content_5294422.htm.

[15] 交通运输部. 交通运输部关于印发公路水运工程平安工地建设管理办法的通知 [EB/OL]. (2018-04-16) [2023-10-24]. https://xxgk.mot.gov.cn/2020/xzgfxwj/202303/t20230320_3778291.html.

[16] 交通运输部工程质量监督局. 公路水运工程施工安全标准化指南 [M]. 北京：人民交通出版社，2013.

[17] 北京市道路工程监督站. 公路工程施工监理规范：JTG G10—2016 [S]. 北京：北京人民交通出版社股份有限公司，2016.

[18] 中国交通建设股份有限公司. 公路工程施工安全技术规范：JTG F90—2015 [S]. 北京：人民交通出版社股份有限公司，2015.

[19] 中华人民共和国住房和城乡建设部. 施工现场临时用电安全技术规范：JGJ 46—2005 [S]. 北京：中国建筑工业出版社，2005.